口上　人生劇場

HAYASHI Kazutoshi

青島秀樹伝

林和利　著

AOSHIMA Hideki

論　創　社

口上　人生劇場

青島秀樹伝

二、あんな女に　未練はないが　なぜか涙が　流れてならぬ
　男ごころは　男でなけりゃ　わかるものかと　あきらめた

頃は大正の末年　夕風のいと寂しき処《ところ》は　三州《さんしゅう》横須賀村
印《しるし》半纏《ばんてん》もじりの外套《がいとう》
雪駄《せった》に乗せたる身もいと軽く
帰り来たりしは　音にも聞こえし　吉良常《きらつね》なり

三、時世時節《ときよ》は　変わろとままよ　吉良の仁吉は　男じゃないか
　おれも生きたや　仁吉のように　義理と人情の　この世界

ああ夢の世や夢の世や　今は三歳《みとせ》のその昔
いとなつかしき父母や　十有余年がその間　朝な夕なに眺めたる
春は花咲き　夏茂り　秋はもみじの錦衣《にしきぎぬ》　冬は雪降る　故郷《ふるさと》の
生まれは正しき郷士《ごうし》にて　一人男子《おのこ》と生まれたる
宿世の恋のはかなさか　その運命の悪戯《いたずら》か

浮き立つ雲に誘われて　一人旅立つ東京の
学びの庭は　早稲田なり

四、端役《はした》者の　俺ではあるが　早稲田に学んで　波風受けて
行くぞ男の　この花道を　人生劇場　いざ序幕

※口上の中には、現在では不適切と思われる表現も含まれますが、原作『人生劇場』著作当時の時代背景に鑑み、あえてそのままにしています。

※動画は、「YouTube」https://youtu.be/yXCaJs0L3Xc　または検索「人生劇場　青島」でご覧ください。

遠州稲門会総会（2017年）

はじめに

早稲田大学を出た人には母校を愛する気持ちの強い人が多い。もちろん、どこの学校においても卒業生が母校に愛着を覚えるのは珍しいことではない。普段は意識していなくても、もし出身高校が甲子園に出るようなことになれば、その勝敗が気になるはずだ。しかし、早稲田の場合、その度合いが並外れている。校歌「都の西北」は卒業生なら歌えて当たり前。歌えないと珍しがられるという現象は象徴的である。そんな大学は、日本どころか海外にもないらしい。

そのような早稲田においても、青島秀樹氏ほど早稲田に惚れ抜いている人を見つけるのは難しい。とりわけ、早稲田の第二校歌と称される「人生劇場」の口上（台詞《せりふ》）を学生時代から四〇年近くも語り続け、日夜その研鑽に努めている青島氏のような人は、おそらく他にあるまい。それも単なる余興的遊び心ではない。真剣に打ち込んで、そのことに生涯をかけているのだから恐れ入る。二〇一五年二月、大隈会館において「人生劇場」口上青島流家元認定式が挙行され、その発起人代表を務めさせていただいたとき、そのことを確信した。

これほど純粋一途に早稲田と「人生劇場」にのめり込む男が、いかにして生まれたか。彼の半生を明らかにして、その謎解きをしてみたいという思いに駆られた。それが本書執筆の偽らざる動機であり、謎解きの答えとしてまとめたのがこの本である。

二〇一五年九月三〇日は秀樹氏の還暦の誕生日だった。そのお祝いの気持ちも込めて半年ほど前から書き始めたのが本書だが、公私にわたって諸事多端。その日に間に合わないどころか、大幅にずれ込んでしまった。このほどようやく大学卒業までの経緯は何とか書き上げるに至った。いわば秀樹伝の「青春篇」であるが、謎解きの解答にはなっているであろう。

また、青島流家元後見人の立場としては、このような一書を公刊することも、その務めかと自認する。読者諸兄諸姉の皆様に、家元秀樹氏の真価をご理解いただけるなら幸いである。

取材にあたっては本人の自己申告を主とし、友人・家族・関係者の証言を得るべく務めた。当初はなるべく広い取材をと心がけたのだが思うに任せず、結局本人の素稿に頼った部分が多い。それでも十分客観性が認められると判断したのと、表現力のレベルが高いと評価できたので、その手段に甘んじた。

驚くべきことに、送られてくる素稿の文体が、次第に私の文体に近づいてきた。もちろん、そのすべてにわたって手を入れたので、最終的には私の責任とは言え、本人の表現が随所に生きていることを明らかにしておきたい。

林　和利

二〇一七年八月

口上　人生劇場——青島秀樹伝◇もくじ

第五章 早稲田大学四年生前期

第六章　早稲田大学四年生後期

プロローグ

我が胸の〜　燃ゆる想いに〜　比ぶれば〜
　煙は薄し〜　桜島山〜

朗々と響きわたる声に、会場に居合わせた百名を超える参加者は息を呑んだ。

真っ暗とさえ言えるくらい照明が落とされた会場の、舞台の真ん中でスポットライトを浴びたその男は、年季の入ったよれよれの早稲田の角帽を被り、袴をつけた着物姿。腰には手拭いを下げ、足元は朴歯《ほおば》の下駄……昔日の早稲田の書生さんを演じているのだ。

この男は「本気で」演じている。その「語り」を、おのれのすべての「思い」をそこにいる参加者たちにぶつけていた。

独りよがりな自己陶酔ではない。居合わせたすべての者が、その語りの世界に引き込まれていった。

口上のクライマックス
「浮き立つ雲に誘われて　一人旅立つ東京の　学びの庭は〜〜早稲田なり‼」
その瞬間、抑えていた気持ちを抑えられず、思わず涙する者さえいた。
しかし、舞台中央、目深《まぶか》に被った早稲田の角帽の庇《ひさし》の奥、頬を伝う一筋の雫《しずく》に、観客の誰一人気が付くことはなかった。

二〇一七（平成二九）年六月一八日、浜松市のホテルコンコルド浜松、年に一度の遠《えん》州《しゅう》稲門会《とうもんかい》総会懇親会でのことである。

遠州稲門会とは、浜松市を中心とする早稲田大学校友会組織のことだ。その集まりであるから、早稲田の歌、そして「人生劇場」などは、会場にいる皆が知っている歌である。俗に「早稲田大学第二校歌」とも言われている。

学生時代に、所属していた部やサークルなどで、この「人生劇場」を歌った思い出を持つ早稲田ＯＢは多い。そして、この「人生劇場」を歌う際は、「口上」をつけるのが慣わしとなっている。飲み屋の二階で、一同輪になり灯りを暗くし、リーダー役の学生が口上を語り皆で歌を歌う。実は私自身も口上を語った一人である。

そのようにして「人生劇場・口上」は、早稲田の学生によって生み出され、連綿と語り継がれてきたのであるが、実は「正調」というものはない。

この日、この口上を語った青島秀樹は、一九七九（昭和五四）年の遠州稲門会結成以来、この日に至るまで総会では毎回欠かさずこの「人生劇場・口上」を披露してきたという。

巷に「人生劇場・口上」と言われるものは数多いが、その台詞《せりふ》、言い回し、真剣さ、すべての要素において、「正調」と評価できるものは、唯一この「青島流口上」であろう。

こんな一文がある。

「少なくとも応援部に籍をおいて練習した者が振るタクトは、腹の底、心の奥底、全身からのタクトでなければならぬ。振る腕、指の先に早稲田精神がほとばしる気迫がなければならぬ。誰でもが真似の出来る指揮であってはならぬ。さすが応援部だと思わせるものでなければならぬ」

故今井隆義氏（一九四六年商学部卒）が、一九九二（平成四）年に早稲田大学京都校友会報に寄稿した文章だ。今井氏は一九四三（昭和一八）年一〇月一六日、早稲田戸塚球場で行われた、学徒動員に伴ういわゆる「最後の早慶戦」で、早稲田大学校歌の指揮をした人である。

その後、海軍航空隊に入隊。命ながらえて帰還し、敗戦でうちひしがれていた早稲田大学にあって、応援部の再建、そして大学の活力を取り戻すために尽力した先達である。

そして、一九四〇（昭和一五）年から数十年にもわたって振り続けた「早稲田大学校歌」の指揮を、体力の衰えを理由に、この年（一九九二年）を最後とした際にその気持ちを表明した文章である。

早稲田の卒業生は、とにかく早稲田の校歌・応援歌が好きだ。関係のない人から見れば、甚だ異常に映るかもしれない。

早稲田ＯＢＯＧの集まりはもちろんのこと、校友会や稲門会総会の最後に「校歌」を歌うのは当たり前、結婚披露宴で新郎新婦を囲んで校歌・応援歌を歌う卒業生も多い。「都の西北……」で始まる「早稲田大学校歌」が、日本一有名な「校歌」だと言われるのもそういったことに起因しているだろう。

その指揮をするのは、応援部のＯＢが多いのだが、その応援部のＯＢであっても、こんなにも真剣に取り組んできた人間は数少ないかもしれない。

秀樹もそんな一人であろう。今井氏と同じくとにかく大真面目。校友会総会などのオフィシャルな会で「校歌」の指揮、あるいは「人生劇場・口上」を依頼された場合は、その務めが終わるまでは宴席であっても酒は口にしない。前に出て指揮をする人間が「酔っ払い」ではいけない、さすが応援部と言われる指揮、あるいは口上を披露しなければならないと思うからだ。それでこそ会場にいる皆さんが、心の底から「早稲田である喜び」を感じてもらえると思う強い信念からだ。

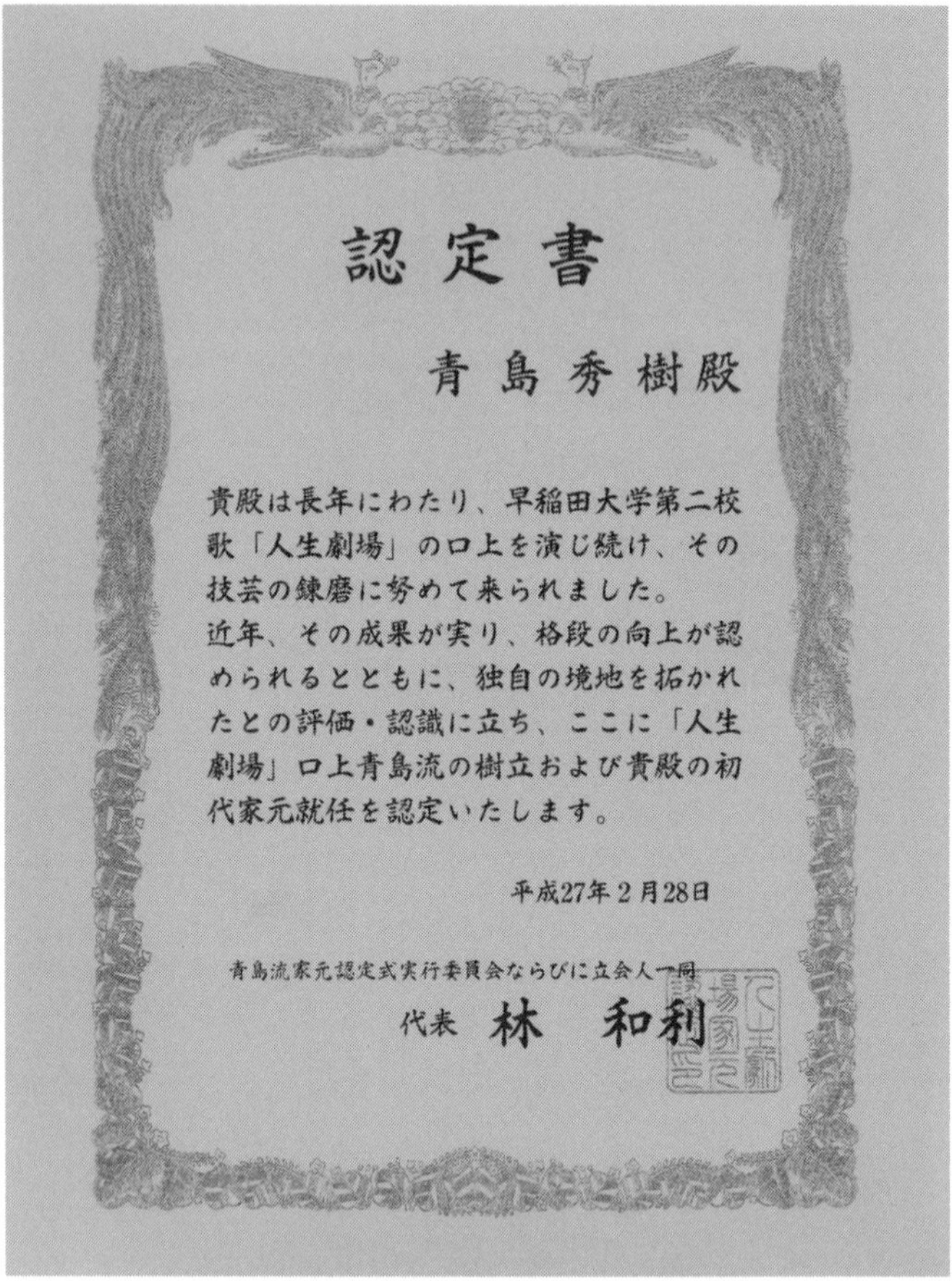

認定書

青島秀樹殿

貴殿は長年にわたり、早稲田大学第二校歌「人生劇場」の口上を演じ続け、その技芸の錬磨に努めて来られました。
近年、その成果が実り、格段の向上が認められるとともに、独自の境地を拓かれたとの評価・認識に立ち、ここに「人生劇場」口上青島流の樹立および貴殿の初代家元就任を認定いたします。

平成27年2月28日

青島流家元認定式実行委員会ならびに立会人一同
代表 林 和利

「人生劇場」口上青島流「家元認定書」

第一章 少年期

1　誕生と両親

青島秀樹は一九五五（昭和三〇）年九月三〇日、静岡県磐田市見付《いわたしみつけ》で生を享《う》けた。

父は「靖一《せいいち》」、母は「よ志《し》」。両親は結婚した際、揃ってよ志の姉、つまり秀樹の伯母の養子となった。伯母は戦争未亡人で子供がなかったからである（娘が一人いたが小さい頃亡くなっている）。

つまり、「青島」というのは伯母の嫁ぎ先の姓なのである。ちなみに、父親の旧姓は「鳥居」、母親の旧姓は「渥美」という。

伯母は磐田市で美容室を営んでいた。遠州地方には、今でも伯母の店から巣立った美容師がたくさんいるという。その伯母を頼って母も美容師になった。住み込みの美容師が何人もいて、当時はとても繁盛していた。

父は印刷業をやっていたが大した稼ぎになるわけではない。自分の晩酌代くらいを稼げればよかったのだが、それでもよく働いていた。多い時には三人も雇っていた時期があるという。

文字どおりの「髪結いの亭主」なのだが、一〇〇％そうかというと、ちょっとちがうら

父靖一、母よ志と（秀樹５歳の頃、河口湖畔にて）

しい。長兄直樹の言によれば、「ヒモになれない真面目さが父にはあった」という。

「髪結いの亭主」はむしろ近所の仲間たち。そういう人たちが毎日毎日青島家に押しかけ、お茶を飲んでは次のお店に出かけていく。それを見ていた長兄は、「ああはなりたくない」と子供心に思っていた。「父は、商売は下手だったが気の小ささが幸いしたのだろう」と兄は述懐する。

日本がまだ貧しかった時代である。大正生まれの世代は、多くの家庭が夫婦共稼ぎだった。

青島家の家計も母の稼ぎが支え。学資その他、生活費のほとんどを母に頼っていた。

父は餅をのどにつまらせて、二〇〇一年に七九歳で亡くなった。

そのとき、母は、「あんたら三人を育てるのに、私がすべて金を出した。生涯お父さんからお金をもらったことがない」と言いつつ、思いがけず保険金がおりてきたので、「いい退職金を最後にお父さんからもらった」と、感慨を込めて漏らしたという。

2　幼少期

幼少期、秀樹の記憶に一番残っているのは、女の子の着物を着せられたこと。お化粧されて着物を着せられ、髪飾りまでつけさせられたという。長男の直樹も幼稚園に上がる頃まで髪を茶色に染められていた。

秀樹は三人兄弟の末っ子である。上二人が男の子なので、三番目は女の子を期待されていた。母には美容室の跡継ぎを望む気持ちもあったと思われる。自宅で秀樹が生まれた時、長兄が「なんだ、また男か」と呟《つぶや》いたというが、そのときの家族の気分を示す象徴的なエピソードであろう。

美容室なので、女の子であれば従業員も含めてみんなで可愛がることができる。そうしたいと望む店のムードもあったかもしれない。

美容室は結局、次兄の茂樹が継ぐこととなる。現在、その子息も東京で美容師として修業して帰ってきた。いずれ四代目となる美容師が実現するであろう。

秀樹の幼少期の家は大所帯だった。家族だけでも両親と義理の祖母、男三兄弟の六人。それに美容師として住み込んでいる若い女性たちも一緒なので、ご飯時は大騒ぎである。

母は店で仕事していたのでとても忙しい。朝から晩まで仕事に追われていて、家事をする時間はなかった。そのため、住み込みのお手伝いさんがいた。

秀樹の子供時代は、そのお手伝いさんが面倒をみてくれて、学校の参観日も、義理の祖母か、そのお手伝いさんが母に代わって出席してくれたという。

3　父の思い出

家庭内は女性の人数が多い分、その力が圧倒的に強かった。父親と子供三人は、少数派の男同士というわけで、とても仲が良かった。

ご飯のおかずはいつも作り置きしてあった。庭先で男四人がコンロを囲んで、鶏のささみ肉や豚ホルモンなどを焼いて食べたりしたこともある。鶏のささみ焼が定番だったという。

父はドジョウを捕まえるのが得意だった。それを生きたままみそ汁に入れて「うまい、うまい」と言っていたことを長兄は記憶している。

父が子供の教育に口を出すことは全くなく、すべて母親任せ。とにかく昼間はおとなしかった。酒が入ると饒舌になるが、すぐ寝てしまうので家族に迷惑をかけるようなことはない。酒は日本酒だったという。

秀樹が両親から勉強しろと言われたことはない。「好きなようにしろ。別に大学まで行く必要もないけれど、行きたければ行かしてやる」という考えだった。長兄に影響を受けて、早稲田大学に行きたいと言った時も、「学資は出すから好きなようにすればいい」と言われた。

家族の中で早稲田のことが一番好きなのは、実は父だったのではないかと秀樹は思う。だから秀樹の早稲田入学を誰よりも喜んでくれた。

父は農家の次男坊で尋常小学校しか出てない。母ももちろん尋常小学校だけ。当時はそれが当たり前の世の中だった。

兵隊に取られる前の若い頃、東京の上野か本郷あたりのメリヤス問屋で丁稚奉公していたらしい。酔った勢いで「おれは東大の赤門を毎日くぐっていた」と子供たちによく自慢したが、それは奉公の行き帰りに赤門を通ったという意味である。その姿が秀樹には、『人生劇場　青春篇』に登場する「呑み込みの半助」と二重写しになる。

戦前の東京下町では、慶應義塾より早稲田大学の方が圧倒的に人気が高かっただろう。そういう環境における丁稚奉公の経験が、早稲田への憧れにつながっても不思議ではない。

三人の息子のうち二人も早稲田に入ってくれて、父はさぞ嬉しかったであろう。しかも真ん中の息子は美容室を継いでくれたわけで、両親にとって理想的な息子たちということになる。

「青島さんとこの息子さん三人、みんないい子だねえ」と親戚や知り合い者たちからうらやましがられるのが常だった。父親がキツくなかったのが良かったのかもしれないと秀樹は振り返る。

父はいつもニコニコして冗談を言っているような人。人生訓めいたことをしきりに口にするのは、むしろ母の方だった。

そんな父が『人生劇場』の瓢太郎《ひょうたろう》（主人公、青成瓢吉《あおなりひょうきち》の父）と共通することがあるとすれば「好きなことをやれ」という子供たちに対する考え方であろう。秀樹は自分のことを瓢吉になぞらえて、そう思っている。

「家業はいいから、立派な男になればそれで十分だ」と父は思っていたようだ。父から「立派な男になれ」と口に出して言われたことはないが、秀樹にはそう思えてならない。

家族全員の生活費、子供たちの教育費はすべて美容院で働いた母親の稼ぎ。したがって、父の立場はすこぶる弱いものだった。

夕方、近所の立ち飲み屋で一杯ひっかけてくるのが、父の一番の楽しみ。帰ってくると毎晩、子供たちに軍隊の話を聞かせたという。いやな思い出のはずなのに、時が経てば、その勇ましい世界が懐かしいと思えるのが男の心理というものなのかもしれない。とにかく唯一子供たちに自慢できるのは軍隊の経験だった。

その中で、何回も何回も子供たちに語った話がある。

招集された父の所属先は陸軍の衛生兵だった。中国大陸を行軍していく際、下級兵だから重装備を背負って歩かねばならない。それが一日に何十キロと続くのである。延々とドロ沼の道なき道を歩き続けたという。ところが、上官の将校は、たとえ学徒動員の若造であっても馬に乗っていた。

「そうすると、一キロくらい離れたところから、狙撃兵が馬に乗っている将校を狙うんだな。それで将校が何人もやられた」

その話をする時はいつもとても嬉しそうだったという。「味方がやられたのに、悲しくはないのだろうか」と秀樹は不思議だった。

軍隊では、上官による理不尽な鉄拳制裁が当然のように行われていたので、立派でもない上官が狙撃兵にやられるのは「ざまあみやがれ」という気持ちだったのだろう。下っ端の兵士たちは狙われなかったそうだ。

中には立派な上官もいたはずなのに、戦後開催されていた「戦友会」に上官が招かれることはあまりなかったという。

学徒動員はもちろん悲しい歴史である。しかし、それはそれとして、大学生からいきなり将校になった未熟な若者を上官として受け入れざるを得なかった現場の兵士たちの気持ちは複雑だったはず。父のこの話は、戦場のそういう生々しい現実を伝えてくれる。その意味で、貴重な証言と言えよう。

「親父の話は、敵と戦った話はほとんどなく、おもに軍隊とはどんな世界か、ということ。良くも悪くも、親父の青春のすべてが軍隊にあったのだろう」と秀樹は振り返る。

命の価値は、招集礼状の赤紙一枚だったと言ってよい。そんな時代がほんの七〇年前にあったのである。現代の日本では、青春時代にこれほど過酷な経験をすることはない。平和のありがたさがしみじみと実感できる逸話である。

この軍隊体験談は、聞いている子供たちにとっては「シンドバッドの大冒険」にも匹敵するくらいの武勇伝に映っていたという。ワクワクしながら聞き入っている兄弟三人の姿が目に浮かぶ。

母にはいつも、「お父さん、また軍隊の話してる」とたしなめられていたが、子供しか聞いてくれる人がいなかったのだろう。「今から思うと、もっと聞いてあげれば良かった」と、亡き父の気持ちを秀樹は思いやる。

そのような存在感の薄い父、強烈な義理の祖母、そして母親と、女系の家庭環境の中で育てられた「お坊ちゃん」。それが秀樹だった。

4　幼稚園の頃

男三人兄弟だったので、兄弟での「遊び」と言えば、チャンバラごっこ・プロレスごっこ・メンコ・コマ回し・釘刺し・美容室の屋根登りなどだった。

ただし、六歳離れていた長兄とはあまり遊んだことはない。小学校も入れ替わりだった。

兄たちと年が離れていたせいか、祖母が大変に可愛がり、秀樹はおばあちゃん子だった。祖母はいろんなものを買ってくれた。

長兄が小さい頃は「物」がない時代。まさに団塊の世代である。次兄は、着るものも何も常に長男のお下がりだった。だが、三男の秀樹の場合、高度成長の、物が溢れてくる時代にも重なる。お下がりは次兄のところで古くなってしまうので、いつも新しいものを買ってもらっていた。そういう意味では次兄に申し訳ない気持ちがあると秀樹は言う。

まるで「一人っ子」のように、三男の秀樹には何でも与えられていたらしい。次兄にはいつも「秀樹はいいなあ」と言われていた。

幼稚園も、兄二人は小学校の付属幼稚園だったが、秀樹はいわゆる「お受験」して入る女子高校付属幼稚園。女子高のお姉さんたちがいっぱいいる幼稚園はパラダイスだったという。

5　ピアノのレッスン

その幼稚園で英才教育を施されるとともに、兄弟の中でただ一人ピアノを習わせてもらった。

母自身がピアノに憧れる気持ちがあったと思われる。自分が満足な教育を受けられなかった大正世代の、子供に対する思いであろう。三人の子供のうち、ピアノを習わせるのに秀樹が最も適していたのかもしれない。美容院も繁盛していて経済的な余裕もあった。

しかし、秀樹自身はピアノがいやでいやで仕方がなかった。

レッスンにはいつも、美容院に住み込みで働いていたお手伝いさんがついてきてくれた。そうしないと、どこかに遊びに行ってしまう恐れがあるので監視役が必要だったのである。

ピアノ教室に行くと、白いストッキングを履いたお嬢様ばかり。「何で自分はこんなところに来なくちゃいけないんだろ」と、秀樹はいつも思っていた。いやだから家であまり練習もしていかない。その状態でレッスンに行っても何にも弾けない。すると先生に叱られる。それでまたいやになる、という悪循環である。

しかも、家にあったのはオルガン（当時最新鋭の電気式）だった。鍵盤のタッチがピアノとはまるで違うので、オルガンで練習していってもうまく弾けないのである。あるとき、母から「ピアノ買おう」と言われた。家にピアノがある家庭が母の憧れだったのだろう。しかし、秀樹は断った。ピアノがきてしまったら、なおのこと練習しなくてはならなくなるからである。

ピアノの先生は、いつも秀樹の肩をたたいて拍子をとって教えてくれた。今でも肩をたたかれるとそのときのことを思い出すトラウマがあるという。

いやだいやだと言いながらも、小学校五年生くらいまで続けたので、それなりに上達した。小学校の合唱大会では、クラスの伴奏をするほどになり、器楽部でアコーディオンも担当した。

今、秀樹は母に感謝している。楽譜が読めて音程も取れるという音楽能力は、すべてこの幼少期のピアノによって培われたものである。

6　小学生の頃

秀樹が通ったのは、磐田市見付にある磐田北小学校である。この小学校はその歴史を、一八七三（明治六）年に創設された旧「見付学校」にまで遡ることができる。

見付学校は、創立当初、地元のお寺を学び舎《や》として使っていたが、一八七五（明治八）年、見付の中心に聳え立つ立派な洋風建築の校舎が創建された。

明治という時代が始まったこの頃は、まだ明治維新の混乱が社会に色濃く残っていた時代でもある。戊辰戦争が終結したのは一八六九（明治二）年、西南戦争が起こったのは一八七七（明治一〇）年である。

そのような時代に、見付の人たちは、浄財を寄付して自分たちの小学校を作った。混乱の時代に、初等教育の重要性を地域の共通認識として持っていたというのは、見付という町の文化意識を如実に物語っていると言えよう。

一八八三（明治一六）年には、それまでの三階建てから五階建てへと増築された。その華麗で独特の姿は、今でも保存され、訪れることができる。現存する日本最古の木造擬洋風小学校校舎であり、国の史跡にも指定されている。

二〇一五（平成二七）年、筆者はこの旧見付学校を訪れた。実は見付学校という名前は聞いたことがなかった。おそらく、全国の教育関係者でも見付学校のことを知る人はさほど多くないと思われる。

旧「見付学校」に立つ筆者（2015年６月）

明治初期の現存する小学校校舎としては、長野県松本市にある旧「開智学校」が広く知られており、国の重要文化財に指定されている。

訪問してみて驚いた。前述のように見付学校の創建は明治八年。開智学校の創建は一八七六（明治九）年なので、それよりも古い。見付学校こそが日本最古だったのである。

建物の裏手には、こじんまりとした土蔵のような白壁の建物があった。旧「磐田文庫」と言い、一八六四（元治元）年に創建された、日本で最初の公共図書館だという。見付には江戸時代末期、すでに地域住民が利用できる図書館があったのだ。

訪問した際、偶然にも見付学校の館長さんが建物を案内してくださった。話をして感じたのは、見付の皆さんの奥ゆかしい人間性であった。本来ならば、見付学校、磐田文庫とも重要文化財に名乗りを上げてもよさそうなものである。しかし、そんなことはしなくていいと言う。私が出会った、磐田見付の皆さんは皆口を揃えてそうおっしゃる。「ここにあってくれればそれでいい」のであって、ことさらに自慢したり宣伝をする必要はないと言うのである。宣伝しないのだから知られていないのは当然である。

こういった見付の人の人柄というのは、秀樹にも言えることである。三十数年にもわたって「人生劇場・口上」を語り続け、しかもその芸は常人には届かない高みにまで達していたのに、本人はそんなことには全く思い至っていなかったという。

幼少時代の秀樹は、いわゆる「お坊ちゃん」だった。冬、どんなに寒くても一年中半ズボン。まさに絵に描いたようなお坊ちゃんの姿だった。「坊や」と美容室のお姉さんたちからも呼ばれていた。しかし、そういう評価が、本人はいやだった。

小学校時代は、近所の見性《けんしょう》寺と田んぼが主な遊び場だった。同級生と缶蹴りやドッジボールをしたり、田んぼでカエルと遊んだりしていた。

缶蹴りは毎日のようにやった。いわゆるかくれんぼなのだが、缶を蹴られてしまうと、「鬼」はせっかく見つけた連中をすべて解放し、はじめからやり直しになってしまう。秀樹は要領がいいのか、「鬼」をやった記憶はあまりないという。一度この「鬼」になってしまうと、結局は缶を蹴られてしまい、延々と「鬼」をやらなくてはならない。

幼馴染みの一人に水野博人君がいる。小・中・高校と同じ学校の同級生。一番の親友であり、今に至るまでずっと仲良しだ。しかし、小学校のときに遊んだ記憶はあまりないという。小学校時代の秀樹は「お坊ちゃん」で、水野君はどちらかというと「ガキ大将」の部類。だから、あまり一緒には遊ばなかったらしい。

このあたり、水野君の証言も一致している。

青島はお坊ちゃん路線。自分は体育会系路線で陸上部に所属、ワンパク路線。唯一の接点と言えばお互い違う団でのカブスカウト、ボーイスカウトで活動。その頃、入会者は地域でも限られていたため、お互いに意識し、張り合っていた記憶かな。自分はワンパク貧乏ちゃま。彼は良いとこのお坊ちゃまのオーラをぷんぷん匂わせていた。彼は静岡県立磐田北高等学校附属幼稚園卒。それに対し自分は市立保育園卒。今でも酒宴の席では酒の肴の話である。

秀樹はあまり体力がない子供であり、朝礼でも貧血でよく倒れるほどだったという。親がカブスカウトに入れたのはそのためらしい。小学校三年生のときにカブスカウトに入って生活環境が一変し、たくましくなった。その野外生活を通じて、お坊ちゃんから少しは活発な子供になった。

小学校時代の担任で好きだった先生はいないにもかかわらず、カブスカウトの隊長は記憶に鮮明だという。

習い事としてピアノの他に書道もやっていた。もしピアノと書道だけを習うおとなしい男の子のままだったら、早稲田に行くという選択肢はなかったかもしれないと、秀樹は思う。それくらいカブスカウトの活動は大きな影響を与えた。

人や国を敬う精神、奉仕の精神、そして屋外で活動することの楽しさはここで教わった。祝日には必ず「日の丸」を掲揚し、年末には街頭で「歳末助け合い募金」活動などをしていた。

カブスカウトはずっと続け、中学生になってボーイスカウトになり、高校一年まで続けた。富士西麓の朝霧高原で行われた「世界ジャンボリー」に日本派遣隊として参加したのは、良い思い出として秀樹の記憶に残っている。

小学校のときに良く遊んだのは、長居洋君と桜井博之君。秀樹自身を加えて三人組だった。田んぼなどで遊んだり、自転車で走りまわったという。この三人は高校も一緒。さらに三人とも早稲田大学へ進むこととなる。

もう一人、小学生時代によく遊んでいたのは和史《たかし》君。たかし君は母の姉の孫、つまりいとこの子息にあたるが、同い年だったので気が合った。天竜市（現、浜松市天竜区）にあるたかし君の実家へでこぼこ道を一時間ほどかけて、バスに揺られて遊びに行った。

その町の秋祭りには毎年参加して屋台を引いた。天竜市は子ども時代を過ごした場所として思い出深い。二人でよく遊んだのは、銀球《ぎんだま》鉄砲の戦争ごっこ。その「戦場」は家の中や神社などだった。プラモデルも一緒に作った。

たかし君は秀樹と同じ高校に進んだが、その頃からあまり付き合いがなくなり、今は全く疎遠になってしまったという。

プラモデルは青島家の中でも遊びの定番だった。たとえば、タミヤ製リモコンのパンサー戦車で戦車ごっこ。塗装も凝った。男三人兄弟だから、家の中はプラモデルだらけになった。お年玉はほとんどプラモデルに消えていた。

大人になった二十代後半の頃、床に穴が開いているボロボロのイギリス製のトライアンフのオープンカーを手に入れてきたとき、母が言った。

「ついに一分の一のプラモデルを手に入れたね」

プラモデルは実物の何分の一という小さいスケールだから、「一分の一」とは実物大という意味。うまいこと言うものだと秀樹は思った。

この車はレストア（修復、復元）するのに三年という途方もない時間と労力と費用がかかった。だが、プラモデルと同じで、完成してしまうと熱は冷めてしまう。レストアできてしばらくして手放してしまった。

次兄は長兄に比べるとおとなしかった。むしろ三男の秀樹の方がませていた。

小学校時代、次兄と同じ部屋で二段ベッドで寝ていた。冬のある日の昼間、ストーブの不完全燃焼で部屋の中はススだらけ、空中にススがいっぱい漂っていた。それを秀樹が見つけ、次兄をたたき起こした。そのとき兄を起こさなかったら、たぶんそのまま一酸化炭素中毒で死んでいただろう。今でも次兄は秀樹のことを「命の恩人」と言ってくれるそうだ。

第二章　中高生時代

1　長兄と次兄

当時、公立中学は頭を丸刈りにしなければいけなかったので、秀樹は中学進学がいやだった。遠州地区で唯一丸刈りにしなくてよかったのは静岡大学教育学部附属浜松中学だったが、磐田からはあまりに遠いのであきらめた。

彼が通ったのは磐田市立城山中学校。

小・中・高を通じて優等生は桜井君だった。秀樹は優等生タイプではなかった。いわば「三学期に学級委員長」（成績順に学級委員長に選ばれる場合、三番目の生徒が三学期に選ばれる）というタイプだったと自認している。

中学では毎週月曜の朝に全校集会があった。秀樹は、中学からは吹奏楽部に入部し、楽器はトランペットだったので、部員全員で行進曲を演奏し、校歌の伴奏もやっていた。

ただし、秀樹は貧血でしばしば倒れた。立っていると十分もしないうちに頭がくらくらしてきて倒れた。だから「校歌」を演奏するところまでもたないこともしばしば。周囲からは「病弱」と思われていたが、原因は朝ごはんを食べずに登校していたかららしい。

そんなことに象徴されるように、少年期の秀樹はひ弱な「お坊ちゃん」だった。そのことが、自分自身を変えたいという、その後の強い願望になっていった。

尾崎士郎の小説『人生劇場　青春篇』（一九三三年）の中で、父の瓢太郎《ひょうたろう》が愛息の瓢吉《ひょうきち》を木に登らせる場面がある。弱虫の瓢吉を鍛えようとする意図である。「泣きながら木に登ろうとしているあの瓢吉に自分が重なる」と秀樹は言う。

しかし、どんな男になりたいのか、具体的な理想像があったわけではない。自分でもずっとわからなかったという。

ところが、中学二年のとき、長兄が早稲田大学に入った。しかも、体育局（現、早稲田大学競技スポーツセンター）のア式蹴球部（サッカー部）所属の選手だった。

学生服に角帽の兄の姿を目の当たりにした秀樹は「これだ」と思った。長い間探し求めていたものはこれだったのだと。

花の都の早稲田大学へ行けば、「お坊ちゃん」の自分を変えられる。子供心に秀樹はそう思った。「兄みたいに早稲田の学生として角帽を被ってみたい」

もちろんそれは、角帽という見た目のことだけではない。角帽に象徴される早稲田の精神が自分を変えてくれるように思えた。それほど兄がまぶしく魅力的な姿に映ったのである。それ以来、「何が何でも早稲田の真っ只中に突き進んでいきたい」と思うようになった。

早稲田への道の第一弾点火は、まさにこのときだった。長兄直樹の存在なしに早稲田へのあこがれは語れない。

そののち、父に連れられて「西が丘競技場（現、味の素フィールド西が丘）」や「国立競技場」のサッカー早慶戦など、長兄の応援によく行った。応援席にいると、熱狂的に応援する周りの早稲田の学生が気になった。そういう環境に身を置いて、「自分も早稲田の学生としてこの応援席に座りたい」と思う気持ちがいや増しに高まった。

自分たちの学校をどうしてこんな風に思えるんだろうと不思議だった。なぜ、そこまで学校に思い入れがあるのか。

長兄は下級生時代、いつも首にギプスをしていたという印象がある。ヘディング練習で首を痛めたという。大学でのサッカーはなんて過酷なんだろうと思った。その兄が四年生のとき、早稲田は全国優勝した。秀樹は自分のことのように嬉しかった。

長兄の影響がいかに大きいかが、このことでもわかる。早稲田に生涯をかけた男の原点はここにあると言えよう。

おそらく、他の人から見た幼少期の秀樹の印象では、早稲田とは結びつかないであろうと本人は言う。あの「坊や」が、そんな風に自分を変えたいと思っていたなどとは、親兄弟でさえ想像もつかなかったはず。「坊や」だから、似合うのはむしろ慶應義塾だと思われていたであろうが、秀樹自身は、それとは正反対の「早稲田野人」に憧れていたのである。

小学校から大学にかけて、いつも「お前はあの青島直樹の弟か」と言われた。それくらい長兄は有名だった。

青島家は新し物好きで、テレビが入ったのも、テープレコーダーが入ったのも、ステレオが入ったのも、近所で最も早かった。一番たくさんあったレコード盤は、ハナ肇とクレージーキャッツだったという。

長兄は、お笑いタレントになりたかったらしい。なにしろ、中学生のとき、クレージーキャッツと小松政夫が磐田へ公演に来たので、「弟子にしてほしい」と小松政夫の楽屋へ押しかけて直談判したほどである。しかし、弟子入りは果たせなかった。

中学生のとき、兄は応援団長だった。あるとき、家の仏壇から木魚を持ち出して応援に使い、叩き棒の柄の部分を折ってしまった。その後、しばらくは住職がお経をあげにやって来ても木魚を叩けなかったという。

早稲田に入ってからでも「お前は青島直樹の弟か」としばしば言われた。秀樹がこれほど早稲田キチガイになった一番の原因はやはり長兄の存在が大きいと、本人も認める。

一方、秀樹には車好きの一面もある。それは次兄茂樹からの影響だという。

秀樹が中学生のとき、次兄は高校生で、バリバリのライダー（バイク乗り）だった。当時は「大型自動二輪」という免許のカテゴリーがなかったので、高校生には似合わないような大型のバイクに乗っていた。次兄は高校生のときバイクが転倒して、危うく命を落としそうになったこともあるという。

それを知った秀樹自身は「バイクは乗るもんじゃない」と思っていたし、母も「あんたはバイク乗らんから、本当に良かった」と言っていた。

ところが、「男として死ぬまでにやはりバイクは乗るべきだ」と思い直して、四十代の最後に「大型自動二輪」の免許を取った。教習所に通い始める前に、「絶対に免許とるんだ」との気合いから、先にイタリア・ドゥカティの八〇〇cc大型バイクを注文しておいたというのはいかにも秀樹らしい。

次兄は、同じドゥカティのさらにビンテージな（年代物の）バイクを今でも持っている。

秀樹が高校生のとき、次兄は発売されたばかりの「トヨタセリカ」を買った。あまりの格好良さに秀樹は驚いた。当時人気だったアニメの『スーパージェッター』に出てくるタイムマシン「流星号」に見えたという。

その後次兄は、フェアレディZ、ポルシェ、ロータス・セブン、ＢＭＷといろんな車を乗り継いでいるほどの車マニアだ。ロータス・セブンは、二人乗りのゴーカートのような車。椅子に座って手を伸ばすと地面につく。屋根はない。その車で子どもの塾の送り迎えをしていた。親子二人してヘルメット姿。子ども（秀樹の甥）は、「こんな車で迎えいやだよう」と言っていたという。

そんなわけで、長兄とは早稲田、次兄とは車やバイクの話で盛り上がる。男三兄弟の仲がいいので、周囲からうらやましがられている。

2　中学時代の逸話

さて、そんな秀樹の学業成績はどうだったか。小学校時代は「普通にやっていてもクラスで一番か二番だった」（本人の証言）が、中学になったらそれが通用しなくなった。

視力検査の結果が二・〇だった時、担任に嫌味を言われた。

「視力がいいのは勉強していないからだ。おまえはやればできるのに何でやらないんだ」

視力の良さを非難するというのは、教師の見識としていかがなものかと思われるが、秀樹の能力を知る担任にしてみれば、励ましているつもりだったのであろう。

中学三年のとき、高校受験を控えて、さすがに勉強せざるを得ない状況に追い込まれた。地元の進学校磐田南高校（通称「バンナン」）に入るには、それなりに勉強しなければ入れないからである。親からは「商業高校でも全然いいんだよ」と言われたが、それがかえって発奮材料になったという。

二〇〇六年頃、中学のクラス同窓会で同級生たちと談笑しているとき、秀樹はふとUFO（未確認飛行物体）のことを思い出した。

秀樹たちの城山中学校は、その名のとおり磐田市内、古城の高台にある。その中学の上空へ、毎日のようにUFOが飛来していたというのである。一般にイメージされるとおりの円盤で、キラキラ光っていた。「当時の中学生にとって、空に円盤が浮かんでいても当たり前のことで、誰も不思議だとは思わなかった」と秀樹は言う。

二機三機飛んで来たこともある。一直線に飛んできてまた不思議な航跡で去っていった。教室の窓から何の疑問も持たずに眺めていたこともあれば、体育の時間に教師が空を見上げて「ああ、また来てるな」と言ったこともある。「けっして風船や気球などの見間違いではない」と秀樹は断言する。

卒業以来、UFOのことを思い出したことはなかったが、同窓会だったから思い出したのであろう。

みんなに、「そういえばＵＦＯがよく来てたよな」と言ったら、「何を寝ぼけたことを言ってるんだ」と言われた。当日の出席者に聞いて回ったが、誰もそんなことは覚えていない。

「青島、話作ってるんじゃないの」と言われたが、「断じて作り話ではない」という。

秀樹自身も現在は、ＵＦＯが地球へ飛来することなどあり得ないと思っている。次のように考えるからだ。

「地球が属する銀河系には、太陽のような恒星が一千億あるといわれている。その恒星に惑星が十個ずつあるとすれば、一兆個の星があることになる。そして、その銀河系のような銀河がまた一千億あると言われている。確率的にも、地球型の星があることは疑いないし、生命体が存在することだってあり得ることだ。知的生物もいるはずだ。ただし、その生命の存在する星から地球は、あまりに小さくて見つけられないだろう。太陽は見つけられても、その惑星までは見つけられないはず。太陽が夏みかんくらいの大きさとしたら、地球は直径一ミリくらいなのだから、地球外知的生命体がいたとしても、地球の存在自体がわからないだろうし、何万光年もかけてわざわざ地球へ来る理由もないだろう」

したがって、中学時代にＵＦＯが学校の上に来ていたというのは、秀樹自身も今になってみると信じられない。皆が「知らない」というのだから、夢でも見ていたのだろうかと思わざるを得ない。

宇宙の話は、桜井君と小学校時代によくしていた。「宇宙の果てはどうなってるんだろう」とか、「自分たちが大人になったら宇宙旅行できるかな」とか。その桜井君は優秀な成績で早稲田に進学。入学後間もなく思いがけない再会を果たす（第三章七八頁〜参照）。卒業後、三十代半ばで自ら命を絶った。そのショックは今も秀樹の生き方に影響し続けているという。


中学三年のとき、なぜか一年女子に「青島ファンクラブ」ができ、たくさんの女子に追っかけをされた。手紙もたくさんもらった。「女子から手紙をもらっても困る」と言ったら、男の偽名で届いたこともある。

自宅に二〇人くらいの女子が押しかけて、「私たちの中の誰が一番好きか」と問い詰められたことがある。そう言われても、実際に付き合ったことがある子がいるわけではないので、その中で知っている子の名前を言ったら、それ以来、「青島さんはあの子と付き合っている」という話になり、追っかけはなくなった。

その代わりその子とのデートが待っていた。一度だけ映画を見に浜松まで出かけた。見た作品は『ひまわり』だったが、その後何をしゃべったのかは覚えていないという。

画面いっぱいに写し出されたヒマワリが、今でも印象に残っている。ただし、映画を見ただけで終わった。当時の中学三年男子と一年女子のお付き合いというのは、通常その程度のものだったであろう。結局、卒業して何の付き合いもなくなった。

あるとき長居君から、「お前、実際は誰が好きなんだ?」と聞かれたことがある。思いついたクラスの女子の名前を言ったら、その話が瞬く間にクラス中に広がって、その子とはそのまま気まずいことになり、その雰囲気のまま卒業した。彼女はクラス会にも来ないのでそれきりになっている。

3　早稲田へのあこがれ

前述したように秀樹が中学二年生のときに、一浪していた長兄直樹が見事早稲田に合格した。秀樹は母と一緒に「早稲田大学入学式」に参列した。どうして父ではなく母だったのか、そしてまた三男の秀樹をどうして連れて行ったのか、その理由は定かでない。おそらく、秀樹自身が「早稲田の入学式に行きたい」と言ったのだろうが、そのときはまだ、「将来、早稲田大学へ進学したい」と明確に思っていたわけではない。

秀樹は早稲田の入学式に圧倒された。

記念会堂を埋め尽くした圧倒的な新入生の数。総長はじめ居並ぶ学位ガウン姿の教授の姿。静岡の田舎の中学生にとっては驚きの光景だった。

「何というすごいところなんだろう。これが東京の早稲田大学というものか」という思いで二階の父母席から見ていた。

さらに圧倒されたのが、入学式の最後に全員で歌う「早稲田大学校歌」だった。

〽都の西北　早稲田の森に～

冒頭部分ですでに心が震えた。

「なんでこんなに感動するんだろう」と、秀樹は不思議な感覚の中にいた。

そして、このときに初めて、「この校歌を、自分も早稲田の学生として歌いたい」と思った。それが早稲田を意識した最初の瞬間である。

「早稲田との出会いは、かくも強烈で、まるで今日のことのように鮮烈に記憶に残っている」と秀樹は言う。

長兄は、早稲田に入ってサッカーをすることが夢だった。だから、入学するやいなや、すぐにア式蹴球部に入部した。以来、磐田の実家に帰省する時は学生服姿が多かった。大学生の学生服はすでに珍しい時代だったが、早大ア式蹴球部では学生服が制服だった。だから、長兄にとってはそれがごく普通の姿だったのだろう。

早稲田の学生服は、中学や高校の学生服とは違うように見えて恰好良かった。しかし何より秀樹を驚かせたのは、早稲田の角帽だった。長兄の角帽は年季が入って見えるように、わざとぼろぼろにされ、それがまた学生服姿にとてもよく似合った。

「角帽」というものが早稲田大学にしかないということを知ったのもこのときだった。秀樹は、日本で唯一の角帽を、自分も早稲田の学生として被ってみたいと思うようになった。

しかし、そのときはまだ中学生。早稲田に進学するためには、まず地元の進学校である磐田南高校に入学しなければならない。小学生までは、何もしなくてもクラスで一番の成績だったけれど、中学ではそうはいかなかった。前述したように、視力がいいからといって「お前は勉強しないからだ」と担任教師に言われてしまうような学力だった。

三年生になって、さしあたっての目標を早稲田ではなく、静岡県立磐田南高等学校進学に定めた。

秀樹は早稲田の野性的でバンカラな学風にあこがれたので、そういう意味では磐田南高校はぴったりの校風だった。

戦前、旧制中学の時代は静岡県立見付中学校と言い、その名は全国に轟いていたという。学業だけでなく、水泳や陸上などスポーツも強く文武両道の学校だったからだ。

たとえば、見付中学の生徒だった牧野正藏選手が、一九三二年のロサンゼルス・オリンピックで水泳一五〇〇メートル自由形銀メダル、一九三六年のベルリン・オリンピックでは四〇〇メートル自由形で銅メダルに輝いた。

さらに、そのベルリン・オリンピックでは、同じく見付中学の生徒だった寺田登選手が水泳一五〇〇メートル自由形で金メダル、杉浦重雄選手が水泳八〇〇メートルリレーのメンバーで金メダルに輝いている。つまり、三人ものオリンピックメダリストが在校生から出た学校なのである。

見付中学校開校当時、生徒たち自身が汗水流してモッコを担ぎ、運動場やプールを作り上げたという伝説が伝えられている。生徒がいつも労働作業をしているので、「ドカタ中学」略して「ドカ中」と呼ばれていたという。校訓は「質実剛健　真剣至誠　文武両道」。「バンカラ」を絵に描いたような学校だと秀樹は思った。そして自分が追い求めている「早稲田らしさ」がそこにあると思えた。「早稲田」の校風につながる伝統である。

秀樹が中学生の頃は、教師が担任クラスの生徒の受験高校を決めるのが普通だった。したがって、まず担任の先生に受験校を認めてもらうことが先決だった。

秀樹が通っていた城山中学は見付にあり、磐田南高校の地元なので、受験枠も多かった。学年二八〇人のうち、三〇人くらいは磐南へ進学できた。七クラスあったので、クラスで三番だとギリギリの成績ということになる。何とかその受験枠に入ることができ、無事磐田南高校に合格した。

4　死についての思索

中学時代の秀樹は、「死」について深く考えていた。

幼少時、伯父の葬式に参列した時に人間の「死」を初めて意識した。「今ここにある自分の意識が永遠に失われてしまう」と考えると、とても怖かった。あまりの恐ろしさに泣いてしまった。そのことは、今もはっきり記憶にあるという。

中学時代に、その思いがより一層強くなったのである。

どうしたら「死」の恐怖を乗り越えられるのか。高校受験が控えているのに、大江健三郎の作品や、実存主義の哲学書にひかれて読み耽った。その思想や言葉の中に「死に対する救い」を求めていたというから、哲学的抽象思考の早熟な一面がうかがえる。

ところが、そんな秀樹を救ってくれたのは、文学や哲学ではなくて音楽だった。ピアノやトランペットなどの演奏に携わっていたことの効果であろう。音楽によって心の平安がもたらされることとなる。

特に、マーラーの音楽は「人生の苦悩そのもの」だと知って、レコードを何枚も買い集めたというから、この方面でも早熟さが認められる。その中でも「交響曲第一番」は、「死に対しての若者の苦悩と絶望」や「希望」「天上の世界」が表現されている。その音の響きの中にいると、とても心丈夫な気分になったという。

マーラーの音楽はダイナミックなオーケストレーションである。それを飽きもせず、くりかえし聴いていた。部活で吹奏楽をやっていたことが、音楽的素養の大きな要因であろう。

時はビートルズ全盛の時代。そんな時代にマーラーに夢中になっている中学生というのは、かなり珍しい。しかし、「このときマーラーと出会わなければ、今のオプティミストな自分はなかったかもしれない」と、秀樹は自己分析する。それほど大きな影響だった。「死への恐怖」は、悲観していても意味がないと思えるようになったのである。

幼少時、クレージーキャッツしか聴いていなかった高級ステレオのセットが、ここでこんな形で大きな役割を果たすことになる。

5　高校入学時の失望

磐田南高校へは学年で「一番」の入学となった。ただし成績のことではない。一学年は七クラスで、11ホームルームから16ホームルームまでが普通科、17ホームルームが理数科。秀樹はそのうちの11ホームルーム、すなわち一年一組。出席番号は五十音順だから「青島」が一番。つまり、一年一組一番というわけである。

入学当初の座席は出席番号順だったので、最左列の一番前が秀樹の席だった。驚いたのは回りがすべて女子だったこと。見知らぬ者同士、それも女子ばかりというのは、まるで一人だけ疎外されているような心細い気分だった。それがこののち、秀樹の高校生活にずっとついてまわる「ネガティブな思い」につながっていったという。

磐田南高校へ入学してきた生徒たちは、それぞれの中学でトップクラスだった者たちばかり。とりわけよく勉強していた女子は、高校でも予習復習をなんなくこなす。秀樹はそういったことが一番苦手だった。努力をしない生徒は授業についていけない。最左列の一番前で孤立することとなった。

入学して初めてわかったことは、旧制中学時代のバンカラな校風はもうすでになくなっていたということだった。かろうじてそれを感じさせてくれたのは、運動場の片隅に一年生を集めて行われた応援団による校歌・応援歌練習くらいのもの。「文武両道」はまだ残っているにしても、「質実剛健」はどこにあるのか。秀樹は失望した。

磐田南高校の生徒は皆良く勉強した。先生にとってはとても楽な生徒たちだっただろう。

それは「まるで予備校のようであった」という。当時の同級生と話しても「失われた三年間だった」という話になってしまうという。もちろん、そこで勉強したからこそ、皆大学へ進学できたのだから、実質「失われた」わけではないにしても、バンカラな校風を期待していた秀樹ががっかりしたのは事実である。

高校に自分が求めていたものがないとわかると、やはり「早稲田」しかないと、あこがれは一段と強いものになっていった。

高校二年生の春、秀樹は国立競技場での早慶サッカー定期戦を父と一緒に観戦に行くことになった。勉強ばかりで楽しくもない高校生活の中で、早慶サッカーを東京まで観に行くというのはとても新鮮な出来事だった。

長兄は大学四年生となり、サッカー部で活躍していた。出場選手として背番号をもらえるだけでも大したものだが、「国立」という晴れの舞台である。秀樹は今でもそのときの光景を良く覚えている。早慶の中学戦、高校戦、超ＯＢ戦、ＯＢ戦に続いて、現役大学生同士のゲーム。

「兄貴はすごい！　こんな立派な試合に選手として出場している」

秀樹は目を見張った。

その競技場での「早稲田大学校歌」がまた鮮烈だった。中学や高校の校歌とは全く違う世界がこの歌にはあると思った。

応援席には早稲田大学応援部がいた。そのリードに合わせて、応援部吹奏楽団が校歌を伴奏していた。早稲田大学校歌のイントロ、「何て美しくて感動的なメロディーだろう」と秀樹は思った。そのイントロに続く「都の西北　早稲田〜の森に〜」の堂々としたメロディー。すっかり早稲田大学校歌の虜になってしまった。

そしてまた「国立」を埋め尽くした人たちが、早稲田と慶應それぞれの選手に精一杯の声援を送っている。その様子に圧倒され、うらやましく思った。

「自分も早稲田の学生としてこの席で応援したい」と秀樹は心から思った。早稲田への思いが、いやましに高まった瞬間である。

「兄きはサッカーという専門があるけれど、自分には何があるのか」と秀樹は自問してみた。幼稚園からピアノを習わされたおかげで、音楽には親しんでいた。実際、中学・高校と吹奏楽部に入りトランペットを吹いていた。

「そうだ、早稲田大学応援部には吹奏楽団があるじゃないか。吹奏楽団とは言っても応援部、バンカラな早稲田の中でも応援部に入れば早稲田を満喫できる」

そう思うと、目の前が明るく開け、希望に胸が膨らんだ。

6　高校時代の悲惨な成績

磐田南高校は進学校である。生徒はとにかくよく勉強する。その中にあって、秀樹は授業についていくのが困難な状況に陥ってしまった。模擬試験ではまあまあの成績が取れるのだが、定期試験はからきしの結果だった。

先生たちの関心の的は、「今年は国立大学一期校に何十人合格したか」ということ。当時の国立大学は受験日によって一期校・二期校という区別があり、東大・京大をはじめ難関校はすべて一期校だったのである。

「先輩たちの成果を、お前たちも引き継がなければならないぞ」

先生は生徒たちに言って聞かせた。しかし、秀樹は「そんなこと、俺には関係ないや」

と、どこ吹く風とばかりにその話を聞いていた。

戦前は「ドカ中」として全国に名を轟かせた旧制見付中学が前身なのに、そんなバンカラな気風はとっくに消え失せ、そこには受験戦争に立ち向かう、「言われなくても勉強する」受験生たちがいた。

当時「個人情報」などという既成概念はなかったので、毎回模擬試験の上位者の名前が点数とともに廊下に貼り出されていた。いつもトップに名前があるのは、小学校からの幼馴染、桜井君だった。自分では「まあまあの出来」と思っても、その中に秀樹の名前が出ることは一度もなかった。

そのような状況の中で幼馴染とも次第に疎遠になっていった。

一年生から二年生に進級するに際して、秀樹は向いているはずのない理系のクラスを選んでしまった。「ほとんど自分を見失っていたとしか思えない」と本人も述懐して言う。

一年生のクラスは女子ばかり多くて嫌気がさしていたので、理系のクラスへ行けば「女子は少ないだろう」という単純な思いが大きな動機だったようだ。女性一般が嫌いというわけではないが、勉強ができる女子の中で、孤独な思いをするのが嫌だったのである。

当時の磐田南高校は、一組から六組までが「普通科」、七組が最も優秀な「理数科」のクラスだった。理数科は三年間同じクラスだが、普通科は一年生だけが選択希望に関係なく振り分けられ、二年生になると、一組から三組が文系、四組から六組が理系、さらに三年生になると、一組二組が私立文系、三組四組が国立文系、五組六組が理系というクラス構成になる。一年生から二年生、二年生から三年生への進級の際には自分で進路を選ぶのである。

秀樹は理系を選んだので二年生では五組、すなわち「25HR《ホームルーム》」と称するクラスだった。それがなんと全員男子。高校に入学して初めて晴れ晴れとした気分になった。「男子ばかりのクラスはとても居心地が良かった」という。

修学旅行もこのクラスの中の気が合う仲間数人で班を作り、京都・奈良へ行った。修学旅行は、ほとんどモノクロームのような味気ない高校時代の中で、「色」がついている数少ない思い出だと秀樹は振り返る。

それ以外の「色」がついている思い出は、文化祭のときのフォークダンス。七〇年代はフォークダンスがブームだった。このときばかりは「お勉強のできる女子」が、普通の女性に見えたという。

居心地のいい25HRではあったが、成績の方は一層悲惨な状況になっていた。理系のクラスなので、数学や物理、化学などの授業の進み方はとても早かった。たとえば、数学の場合、二年の二学期終了までに「数Ⅲ」の教科書を終えてしまい、三学期はひたすら問題集を解くというすさまじさ。

秀樹はもともと理系科目が得意でなかった。得意だったのは世界史である。世界史は、担当の先生が大好きだったこともあり、とても熱心に勉強した。数学や化学の授業中に、一人世界史の勉強をしていたという。「テキストを使わずに他の生徒に中国史を教えることもでき、歴代王朝のさまざまなことが頭に入っていた」というから、相当なレベルである。

二学期が終了して、数学担当の柴田先生から皆に一冊の問題集が手渡された。

「この中に一〇〇問問題があるから、この年末年始に解いておくように。年明け早々にテストをします」

しかし、秀樹は数学の問題集は見たくもなかった。そもそも、どうして年末年始にそんなことをしなくてはならないのか理解できなかったので、結局その問題集は一度も開かなかった。

新年最初の数学の授業は、そのテストだった。出された問題は、渡された問題集そのままの問題だった。きちんとやっていれば満点がとれるはず。しかし、秀樹には全く解けなかった。

翌日、柴田先生から呼び出しがかかった。職員室へ行くと、眉間に皺を寄せ、禿げ頭からは湯気が立っているかのような興奮状態だった。

「お前はいったい何を考えているのだ。お前のせいで平均点が下がったんだぞ」

怒鳴られ、頭を一発殴られた。

しかし、秀樹には何のことか、すぐには呑み込めなかった。

「これがお前の答案だ」

渡された答案用紙は、一〇〇点満点でたったの五点。綺麗に赤い×が上から下まで並んでいた。

先生の説明によると、隣の26HRの平均点が九十何点かで、25HRは秀樹一人のせいで平均点が三点ほど下がったのだそうだ。なるほどと、ようやく納得した。他の者の多くは軒並み一〇〇点取っている。そんな情けない点数の生徒が一人いるために平均点が下がる。しかも、その五点は「お情け」。途中の「式」に付けてくれたもので、解答としては実質〇点だった。生まれてこの方、〇点というのは秀樹の記憶になかった。

しかし、怒鳴られながら考えたのは自分の目指すべき方向だった。そのまま三年生になり理系のクラスにいても、「早稲田」なんて到底無理だということが明白になった。「無理だ」と考えながら、三年生では「私立文系」のクラスに進み、磨いてきた世界史をさらにアップさせれば、国語の現代文は得意だったし、「あとは英語だけじゃないか」と思い至った。早稲田文系の受験に絞り、徹底的に三科目をやれば道は開けるのだと思ったとたん、「目の前がパーッと明るくなった」という。

この「事件」がなければ、秀樹はそのまま三年生も理系のクラスに留まっていたであろう。そうなると、早稲田への道は閉ざされてしまったかもしれない。「人生何が幸いするかわからない」と本人は言う。確かにそのとおりだが、窮地に追い込まれたときの切り替えの早さは人並みでない。それが秀樹の長所の一つであろう。

7　早稲田志望一直線

この「事件」の後、すぐに進路を「私立文系」として届けた。この学年で二年生の理系から三年生の私立文系に移ったのは秀樹だけだった。三年生では二組、すなわち32ＨＲとなった。

私立文系なので、クラスでは半分以上が女子だった。しかし、一年生当時の息が詰まるような思いはしなくなっていた。目標を「早稲田合格」に定め、三科目に集中して勉強するようになったことと、三年生一学期に、すでに高校での履修カリキュラムが終了していためである。

三年生の授業はひたすら応用問題を解くこと。つまり、入試対策に費やされた。

「これなら地道な予習復習ではなく、自分の本領が発揮できる」

コンピュータによる「合格可能性」や「偏差値」などという言葉が使われ出したのはその頃であろうが、三年生最初の模試の結果、早稲田文系学部への合格可能性は二五％以下という判定だった。大学入試の学力偏差値で言えば五〇くらいだったかと本人は推定する。

しかし、「二五％しかない」のではなく「二五％もある」と思えるのが楽観主義者たる秀樹の、いかにも秀樹らしいところ。中学時代はあれほど「死」について深刻に考えていたはずなのに、もうそんなことはすっかり忘れてしまっていた。「楽天的な性格が花開いた瞬間かもしれない」と本人は振り返る。

三年二組の担任は、加藤正巳という国語の先生だった。一人ひとりの生徒に親身になって進路指導をされたが、楽観主義者の秀樹には加藤先生の言われることが、いちいち納得できなかった。

「おい、青島、志望大学はどこだ」

「はい、早稲田文学部です」

「えっ、早稲田？　お前、二五％しか可能性ないじゃないか」

「いや、先生、二五％もあります」

秀樹はこの時点で、すでに早稲田大学応援部に入部して神宮球場にいる自分を夢見ていた。吹奏楽部の一年先輩が早稲田に合格し、応援部吹奏楽団に入部していたのである。しかも、春の早慶戦で、その先輩がテレビにはっきりとわかる程に映っているのを見ていた。

「自分は、早稲田を満喫するのだ。そしてそれこそが自分を変えてくれることになる。そのために早稲田に合格し、応援部に入部するのだ」というはっきりとした目標ができていた。

受験のための英語対策として、通称「豆単」と呼ばれた単語集、熟語集を徹底的に覚えた。それによって面白いように英語の問題が解けるし、また点数もウナギ上《のぼ》りに上がっていった。三年の夏休みはさらに徹底して暗記に努めた。

その成果があって、夏休み明けの模試では、世界史が九〇点以上、英語も八〇点くらいがとれるようになった。「偏差値で言えば優に七〇は超えていた」と本人は豪語する。早稲田文系学部（文・教・社）の合格可能性は、なんと七五％以上になったというから、その言葉には信憑性がある。

『学年ビリのギャルが1年で偏差値を40上げて慶應大学に現役合格した話』（坪田信貴、KADOKAWA、二〇一三年）が映画（『ビリギャル』二〇一五年）になって話題になったが、「そんなことは当たり前にある話。受験を目指す環境の高校なら、勉強すればみるみる成績が上がるのは当然だ」と秀樹は言ってのける。しかし、だれもができる技ではない。持って生まれた能力の高さを裏付けるエピソードである。

三年生の冬には、すでに「紺碧の空」（早稲田大学応援歌）の歌詞を覚えようとするほど、秀樹の早稲田への思いは募っていった。

年明けの三学期、加藤先生と進路についての面談があった。

「青島、早稲田を受けるのはいいとして、どこか滑り止めも受けなさい」

「いや、先生、早稲田しか行かないんだから他を受ける気はありません」

「じゃ、試験日が早いA大学とかどうだね。受験慣れにもなるし」

「いや、A大なんか考えたこともないし、先生、受けません」

「じゃあ、B大はどうだね。滑り止めにも受験慣れにもなるし」

「先生、早稲田全部落ちてB大合格したとしても、B大には行きません。滑り止めは必要ないし、最初から受けない方がいいと思います」

「いや、そうは言っても、早稲田の本番の前にやはり受験慣れするためにどこか受けた方がいい」

「じゃあ、先生、C大受けます。B大だったら、一瞬気持ちがぐらつくかもしれないけれど、C大だったら絶対に行かないし」

「おお、そうかそうか、それは良かった。じゃあ、青島の志望校は早稲田とC大ということで……」

「いや、先生、C大は志望校ではありません」

このようなやりとりがあって受験する大学が決まった。

そして、いよいよ受験本番。

「あまり記憶にないが、C大学は何学部か忘れたけれど、確か応用経済学科とかいうのを受けたと思う」というほど、C大学に対しては乗り気のない受験意識だった。

C大学の試験会場には、不安そうな受験生たちがいた。もちろん秀樹もそのうちの一人なのだが、不思議と落ち着いていた。

「おい、おれはD学院落ちちゃったよ」

「あとはC大とE大だよな」

そんな会話を聞いていて、「なんと場違いなところに来てしまったんだ」と思える余裕ができていた。これこそが、加藤先生の言われた「受験慣れ」というやつかと思えた。

試験問題は楽勝だった。これで本当に受験生の差がつくのかと思えるほどだった。そして見事合格。前後二〇番以上番号が飛んでいたので、あのときに同じ教室で受験した人間では自分一人だけが合格だったこととなる。

合格の報を加藤先生に知らせにいった。

「先生、C大合格しました」

「おお、そうかそうか、おめでとう。じゃあ、ご両親に頼んでとりあえず入学金を納めとかなきゃな」

「いや先生、早稲田全部だめでもC大には行きませんよ」

「でも、早稲田の合格発表の前にC大の入学手続き終わっちゃうだろう。無駄だと思えても納めておかなくちゃ」

「いや、だから先生、行きませんって」

結局、C大学の入学金は納めなかった。

そして、いよいよ早稲田受験。早稲田は応援部に入部できれば良かったので、何学部でも良かった。看板の政治経済学部を目指す必要もなかった。「応援部を満喫するならば、そりゃ社学（社会科学部）だ」。長兄のアドバイスだった。社学なら授業も単位を取るのも楽だという。

東洋哲学科か西洋哲学科で「死」についてもっと考えてみたいと思う気持ちもまだ微かにあったが、「そんなことを突き詰めていったらノイローゼになってしまうかもしれない」と考え、第一志望は文学部ではない方がいいと判断した。

早稲田本番の前日、少し雪が残る本部キャンパスへ受験会場の下見に行った。有名な大隈重信の銅像の前でしばし立ちつくし、秀樹は心の中で語りかけた。

「大隈さん、こんなに早稲田が好きで好きでどうしようもない自分を早稲田に入れてください。お願いします。別に早稲田じゃなくったってどこの大学でもいいような学生を合格させるくらいなら、この青島秀樹を入れてくださいさい。必ず期待に応えます」

「お前はどうして早稲田に入りたいのだ」

「自分を変えたいからです。早稲田にはそれがあるのです」

そんなやりとりがあったかどうか、定かではない。しかし、最後に、

「いいだろう」

大隈さんがそう言ってくれたような気がしたという。大隈さんが許可してくれたからだろうか、四学部受けて二勝二敗、秀樹は見事に早稲田の学生へのパスポートを手に入れた。それも現役合格という優秀な戦績だった。

第三章 早稲田大学一年生

1　入学式当日

一九七四（昭和四九）年四月一日、秀樹は早稲田大学に入学した。

入学式は戸山キャンパスの記念会堂（二〇一七年一〇月現在「早稲田アリーナ」に建て替え中）で行われた。東京オリンピックのフェンシング会場に使われたことで知られる。

母に連れられて参列した長兄の早稲田大学入学式から六年。その間、ずうっとあこがれ続けた早稲田。その学生になることができた瞬間である。

その中でも、とりわけ「瞬間」と思えたのは、式の最後に「早稲田大学校歌」を歌ったとき。胸が高鳴った。目頭が熱くなるほどだった。

「自分は田舎のお坊ちゃんから、早稲田の学生に生まれ変わるのだ」

希望に満ちあふれ、天にも昇るような高揚感があった。

入学式が終了するやいなや、秀樹は足早に歩きながら早稲田大学応援部の新人勧誘の出店を探した。もちろん、どこにあるのか皆目見当もつかないものの、足は自然と大隈さんの銅像の方へ向かっていた。銅像は本部キャンパスの真ん中にある。

前述のように、秀樹は入試の前、大隈さんに早稲田大学入学へのお願いをしていた。しかし、入れていただいたお礼というよりは「これから早稲田の学生として恥ずかしくない人間になります」という誓いを伝えたいと思ったのである。

大隈さんは口を「へ」の字に曲げている。それでもやさしく微笑んでいるように、秀樹には見えた。

「お前を早稲田に入れてやったんだから、しっかりと期待に応えなさい」

秀樹は心の耳で、はっきりとその声を聞いた。

「早稲田の人間として恥ずかしくないように生きなくてはならない」という思いは、還暦を迎えた今でも強いが、それは、このときの大隈さんの声が胸の中で響き続けているからである。

目指す応援部の出店は、銅像のすぐ傍にあった。偶然とは言え、それもご縁のような気がしてくる。

「応援部に入部したいです！」

「おお、新人一号だ！」

そこにいた先輩部員はたいそう喜んでくれた。

「それで、リーダー志望か？」

「いえ、ずっと楽器をやっていたので吹奏楽団へ入りたいです。早稲田を応援するのにリーダーも吹奏楽団もないでしょう」

「そうか……それで楽器は何だ？」

「トランペットです。ただ、トランペットではなく他の楽器でお願いします」

中学時代からずっとトランペットを吹いていたが、全くものになっていなかった。奏法がまずかったのと、目立ちたがり屋のくせにプレッシャーに弱かったので、いつもソロ・パートをしくじり他部員に迷惑をかけ続けていた。もうトランペットには見切りをつけたかった。つまり、この点においても「生まれ変わりたかった」のである。

受付用紙に必要事項を記入すると
「じゃあ、早速今晩歓迎会だ。いいだろう？」

あまりの展開の早さにとまどいつつも、「よろしくお願いします」と応えた。

秀樹は一日応援部出店を後にして、当時南門近くにあった第二学生会館へ向かった。「早稲田精神昂揚会」の部室を訪ねるためだった。入学したての「早稲田キチガイ」新入生にとって「早稲田を満喫する」ことは、応援部と早稲田精神昂揚会の両方に入ることだったのである。

第二学生会館の中に入ると、乱雑な廊下の先に早稲田精神昂揚会の部室があった。

「入部したいのですが」

「おお、そうかそうか、よく来てくれた」

「ただ応援部に入部したので、両立が可能かお聞きしたいのですが」

「げっ、応援部……そりゃ無理だなあ。大体が応援部とはあまりいい関係じゃないし、第一、応援部の活動をしていたら、こちらに出られないだろう」

まさか「早稲田を愛する」という意味では軌を一にするはずの応援部と早稲田精神昂揚会の関係があまり良くないなどとは……秀樹の予想もしないことだった。

「うちの会は集まりが毎日のようにあるし、合宿もあり、また一〇〇キロハイクなども企画運営しているから、応援部との両立は到底無理だな」

「そうですか、それじゃ仕方ありません。応援部だけにします。ありがとうございました」

そう言って部室を出た。

早稲田精神昂揚会は、ひたすら早稲田精神を研究している会であると思っていた考えが甘かった。高校の文化系の部活ならせいぜい週一回だろう。まさか毎日集まって体育系のような活動しているとは。やっぱり早稲田というところはスケールがちがう。一種のカルチャーショックだった。

それでも、四月一日は有意義な日だった。まさに「桜満開」のような希望が、秀樹の胸に満ち溢れた一日だった。

2　応援部歓迎会

夕方近くになって、秀樹は再び応援部の出店を訪れた。そこには「応援部吹奏楽団新人監督」という肩書を持った先輩の姿があった。

「新人の何を監督するんだろう」という違和感が少々あった。

「おう、お前が青島か。新人監督、四年の橋田だよ。楽器は何でもいいのか？　それじゃまぁ、とりあえず歓迎会に行こう」

早稲田通り高田馬場近くの「ニュー浅草」という居酒屋に連れて行かれた。

出席者の先輩は数人で、新人は秀樹だけだった。その中に小森さんという先輩がいた。

「吹奏楽団新人監督サブの三年の小森だよ。よろしくな」

重い雰囲気の先輩たちの中で、ニコニコと妙に明るい笑顔が印象的だった。秀樹がそれ以後、敬愛し続けることになる小森敏孝先輩との出会いだった。

橋田新人監督がのたまう。

「いいか、応援部では先輩が一緒にいたら何を食っても飲んでもすべて先輩が払うからな。それを覚えておけよ」

田舎のお坊ちゃんだった秀樹がそれまで飲んだ酒と言えば、せいぜいお祭りのお神酒《みき》くらいである。

「先輩が酒を注《つ》ぐときにはコップの中のものを全部飲み干せよ。こちらの腕が重いからな」

「はい、わかりました」

「応援部では、わかりました、ではなく、シタ〜！　というふうに言うから、これからはそう言うように」

「わかりました」

「いや、シタ〜！　だろ」

「シタ〜！」

当時は今と違って、大学生になれば未成年でも飲酒は許された。いや、飲むのが当たり前だった。

コップに注がれた酒を、「シタ〜」という「了解と感謝」の意味を合わせ持つ言葉を発しながら飲み干す。それは、秀樹にとって全く未経験の世界だった。

「これが大人の世界、いや早稲田の世界か～！」

最初はビールだった。注がれるたびに空けていたら、そのうち日本酒になった。

「おお、お前なかなか飲みっぷりがいいなあ。もっとやれ」

注がれるままに飲んでいたが、「飲みっぷりがいい」のは、今まで飲酒の経験がほとんどなくて、限度を知らなかったからである。

「応援部はなあ、リーダーでも吹奏楽団でも、挨拶の基本、言ってみれば人としての基本は一緒だ。挨拶はこんにちはではなく、チワ！　だから覚えろよ」

「シタ～！」

「それから、『校歌』と『紺碧の空』は一週間以内に歌詞を全部覚えろよ。楽器は徐々にでいいからな」

「シタ～！」

早稲田の歌を歌うのは本望だし、「校歌」と「紺碧」は入学前にすでに一番は歌えるようになっていたので、秀樹にとってはなんの造作もないことだった。

早稲田大学応援部は、いわゆる「応援団」ではない。だから、間違っても「オス」は言わない。その代わりに「シタ～」だったのであるが、現在の応援部ではこの言い方はしない。普通に「こんにちは」「ありがとうございます」である。

一九七四年と言えば、吹奏楽団が独自の定期演奏会を開催し始めてからまだ一〇年あまり。応援部の中にあって、吹奏楽団の追究したい「音楽性」と、応援部に求められていたいわゆる「応援団」的な役割とは相反するものだった。その狭間にあって揺れている、そういう時代だった。

3 「応援部」の歴史

「応援部」と「応援団」は一文字違うだけなのに、なぜ早稲田の応援部は「部」という言葉にこだわるのか、それについては早稲田大学応援部の歴史を語らなければいけない。

応援部は現在、野球部やラグビー蹴球部などが所属する「早稲田大学競技スポーツセンター」四四体育各部のうちの一つである。

現在の応援部は、部内でリーダー、吹奏楽団、チアリーダーズという三つのパートに分かれており、二〇一七（平成二九）年度の部員は三パート合わせて二百名近い数を数える。

このうちリーダーは、他の二パートのように、楽器を演奏したり、チアリーダーズのようにチアリーディング選手権に出場したりといったことはないが、その代わり「どの運動部にも負けない」と言われるほどの厳しい練習を己に課している。

早稲田における「応援」の歴史は古い。早慶野球戦は一九〇三（明治三六）年に始まったが、その二年後の一九〇五（明治三八）年にまで遡ることができる。

その年、春の早慶戦は、早稲田大学の戸塚球場に一万六〇〇〇人もの観衆を集めて行われた。このとき、早稲田の学生吉岡信敬が二百名余りの応援団を組織し、エンジに「WU」と白く文字を抜いた応援旗を打ち振って「フレーフレーワセダ」と声をあげた。まさにその瞬間が、日本における「スポーツの応援の始まり」である。

以後、あまりにも早慶の学生同士が加熱したため、早慶戦は中止になった時期もあった。

ただし、「大学公認」の応援団の組織は、昭和初期に至るまで存在しなかった。それまでは学生たちが自発的に応援団を組織して、応援自体もそれぞれが勝手に行う、といった具合だった。学内での「応援団」同士の対立といった、まるでヤクザまがいのことまで起きていた。

大学公認の部活動として応援部が結成されたのは一九三一（昭和六）年のことである。

このとき以来、「紺碧の空」の歌詞を印刷した紙を学生に配り、日本で初めて応援用の小道具を用いた応援を考案するなど、応援部として「応援技術」の追究もいろいろとされるようになった。

しかし、一九三三（昭和八）年、歴史に残る早慶戦「リンゴ事件」が起こった。天下を二分する熱狂的早慶戦が招いた不幸な事件だった。審判の判定に不服を唱えた慶應義塾の水原茂三塁手の態度に早稲田応援席が憤慨し、グランドにリンゴなどが投げ込まれ、後に読売ジャイアンツの監督となった水原選手はそのリンゴを早稲田の応援席へ投げ返した。試合終了後、両校応援団は乱闘となってしまった。

この事件により、せっかく発足した応援部は解散となってしまった。

そののち、応援部の再結成は、一九四〇（昭和一五）年まで待たなければならない。この年、ようやく大学公認の体育会応援技術部が誕生することになった。現在の早稲田大学応援部の結成はこのときとされている。

一九四三（昭和一八）年、早稲田大学戸塚グランドで、学徒動員による戦前最後の早慶戦が行われた。いわゆる「最後の早慶戦」である。エール交換は、早稲田が「若き血」、慶應が「都の西北」を歌い、最後には全員で「海ゆかば」を涙しながら斉唱。この「最後の早慶戦」は近年、映画（『ラストゲーム　最後の早慶戦』二〇〇八年）にもなった。

終戦直後の一九四六（昭和二一）年、学徒動員から戻った部員たちによって応援部が復興した。明治時代からの古い、いわゆる「応援団」とは一線を画す画期的な「部」として、このとき甦ったと言える。

その基本理念は「早稲田の学生の範たらねばならない」というもの。この考え方は、今に至るまで「早稲田大学応援部綱領」として受け継がれている。

また、野球だけを応援するのではなく、すべての早稲田スポーツを、いや早稲田そのものを応援する部として歩んでいくこととなった。

このように早稲田における「応援団」と「応援部」というのは、成り立ちと理念からして決定的に違うという歴史がある。だからこそ早稲田大学応援部は「部」という一文字にこだわるのである。

一九五二（昭和二七）年、応援部にブラスバンド（現、吹奏楽団）が新設された。

昭和二十年代から三十年代の早慶戦の人気はすさまじく、チケットはまさにプラチナ・チケット、神宮球場は超満員。早慶戦は国民的人気スポーツになった。

そして一九六五（昭和四〇）年、画期的な新曲「コンバットマーチ」により、野球における応援方法は革命的な変化を遂げることになった。それまでのかけ声や応援歌の演奏といったものから、吹奏楽と声援を一体化させた応援方法になったのだ。このスタイルは、プロ・アマを問わず、高校野球に至るまで、今では野球の応援では当たり前のものになっている。

一九七七（昭和五二）年、応援部にバトントワラーズ（現、チアリーダーズ）を新設。それまでバトントワリング研究会に頼っていたチアリーディングを、応援部として取り組んでいくこととなった。その初代責任者が青島秀樹である。

早稲田大学応援部の歴史は、「日本におけるスポーツの応援」そのものの歴史に近いと言ってよい。

4　応援部歓迎会翌日

輝かしい歴史と伝統のある早稲田大学応援部の部員になれた（正式に部員になれるのはその年度の一二月の納会時であるが）、その喜びで、歓迎会での「シタ〜」一気飲みは延々と続いた。

秀樹はいい気になって飲み続け、ついには意識が飛んでしまった。

気がついたのは翌日の朝。前日の服のまま布団に寝ていた。気持ちが悪い。完全に二日酔いだった。

「ここはどこだろう?」

ふらつく頭であたりを見回すと、どうやら誰かの下宿部屋らしい。本棚には『○○原論』のような本が何冊も並んでいた。

起きだして部屋から出てみると、そこは四畳半の部屋が廊下に沿って数部屋ある古い下宿屋だった。共同洗面台があったので顔を洗っていると、小森さんがやってきた。

「おう、起きたか」

「チワ〜」

「お前、昨日は大変だったぞ。ニュー浅草で正気を失ってから、ここまでかついで来たんだからな」

「ここはどこですか?」

「ここはなあ、野方《のがた》(東京都中野区)の石塚荘という下宿屋だ。応援部員が三名住んでいて、お前が寝ていた部屋はリーダー二年の鈴木重樹の部屋だよ」

「そうなんですか」

「担いで高田馬場駅まで連れてきて、電車に乗り、野方駅からここまでまた担いできたんだよ。途中で何回もゲェゲェと吐くから、それが大変だったなあ。停めてあった自転車に激突もしたし」

（そうか、それで気分が悪く、腕や足が痛いのだ）

しかし昨晩のことは全く記憶になかった。

「お前が寝ていた部屋の鈴木重樹は掛川西高出身だから同郷だよなあ。いつでも部屋を使っていいぞ」

（そう言われても、いつでも使えるとはどういうことなのか。そういえば部屋の主の鈴木さんはどこにいるのだろう）

「鈴木は飲み歩いていて、あんまり部屋には帰ってないから、まあいつでも泊りにきていいぞ」

何という大人の世界かと秀樹は思った。そもそも、その鈴木さんが自分の部屋にあまり帰らないというのも信じられない話だった。

四月二日はそのまま小森さんと一緒に吹奏楽団の練習場に行った。

「おう、新人の青島だ。よろしくしてあげてくれよ」

ここで楽器を何にするかという話になった。トランペットはもうやるつもりはなかったのでトロンボーンにしてもらった。基本の吹き方は同じなので、取りあえずロングトーンの練習から始めた。

個人練習の中でも、最も基本となる練習がロングトーンだ。ロングトーンは吹奏楽器の基本中の基本で、例えば「ド」の音を、ずっと「ドーーー」と吹くのである。ひたすら「ドーーー」「ドーーー」「ドーーー」、次が「レーーー」と、二時間くらいかけて、それぞれの音階を吹いてゆく。その中で「正しい音程の音」「いい音」「響く音」などを感じ取っていく。また、吹奏楽器は自分の唇が音源となるので、音源となる唇を作っていくという重大な意味もある。しかし、秀樹には一番苦手なことだった。

一日、ロングトーンの練習をして、夜になればまだ酒が抜けきっていない状態でまた飲みに行くということになってしまった。

「おう、飲めよ」

「はい、ありがとうございます」

「どうもごっつぁんです、だろ」

「どうもごっつぁんです、シタ～！」

途中で気分が悪くなり、トイレで吐いてふらふらと戻ってくると「まあ、飲めや」と言われ、仕方なくまた飲んだ。しかし、胃はもう酒を受け付けなくなっている。想像を絶する辛さだった。

「つまみを何か頼んでもいいですか」

「つまみは酒だろうが」

「いや、もう死にそうです」

「おお、死にそうか。なかなか役者だな。ははは」

早稲田入学、そして応援部での入部二日間は、酒との出会いの二日間だったと言ってもいい。応援部のメンバーで飲みに行った際には、下級生は必ず酔いつぶすというのが、当時の先輩たちの掟だったらしい。いかにも無茶な話だが、それが往年の早稲田らしいバンカラ学風の一面だったとも言えよう。

以来「飲みにいく」というのは、秀樹の中では「吐く」ことと同意となり、飲み会にはその辛さを覚悟して参加するということになった。そのトラウマから逃れられるようになったのは、三〇歳を過ぎてからであった。

この日もまた石塚荘の鈴木さんの部屋に転がり込んだ。不思議なことに、またしても部屋の主の鈴木さんに会うことはなかった。

四月三日、やっと自分の下宿に帰ることができた。服も入学式の初日のままだった。

「なんというめちゃくちゃな毎日だろう」

しかし、その一方で、「でも、これこそが早稲田だ」という思いを深くしていた。

今、振り返ってみて秀樹は思う。「あのときのそんな経験が、ひ弱なお坊ちゃんを、早稲田の男へと変身させてくれた一番の要因だったような気がする」

青成瓢吉《あおなりひょうきち》ならぬ青島秀樹の、花の都での舞台は、とにもかくにもこうやって始まったのである。

5　石塚荘の住人

入学式からの一週間、二日に一度は石塚荘に泊まるという毎日だったという。その後の躍動的な秀樹の大学生活を予感させるような生活ぶりである。

その部屋の住人、リーダー二年の鈴木重樹さんに、秀樹はほどなく会うことができた。鈴木先輩は遠州森町《もりまち》、すなわち「森の石松」（任侠「清水次郎長《しみずのじろちょう》」〔山本長五郎〕の子分）で有名な静岡県周智郡森町の出身で、高校は掛川西高校だった。

掛川西高校も、秀樹が出た磐田南高校も、ともに静岡県を代表する進学校なのだが、一方的に掛川西が磐田南と張り合っていた。

「おい、青島、磐田なんか田舎だぞ。掛川にはビルがあるからな」

「鈴木先輩、ビルって言っても、そんなに高いビルが掛川にあるんですか」

「四階建てがあるからな～、磐田にはないだろ」

「いや磐田にだって四階建てくらいありますよ」

「俺は高校に入った時、驚いたんだぞ。森町にはビルなんかないからな。掛川って都会だなあって……。んじゃ、お前、コーヒーの飲み方知ってるか」

「コーヒーに飲み方ってあるんですか」

「自慢じゃないけどな、俺は遠州森町出身だからな、田舎にいた時は日本茶しか飲んだことがなかった。早稲田に入学して喫茶店に連れていかれた時、コーヒーを出されて、いったいどうしようかと思ったよ」

「どうする、ってどうするんですか」

「だからよう、お前コーヒーの飲み方知ってるか、と聞いてるんだよ」

意味がわからないので
「いや、わかりません」と答えた。

「ふん。じゃ、教えてやるよ。コーヒーを飲むときにはなあ、好みで砂糖とミルクを入れるんだ。よく覚えておけ」

（そういうことか）

鈴木先輩は、自分よりも田舎だと思っている磐田出身の人間が、コーヒーの飲み方を知っているはずがないと思っていたのだ。さすがに日本一のお茶の産地を自負する遠州森町の男だ。実は、秀樹は高校時代からサイフォンを使って、自分でコーヒーを入れていた。そんなこと、この人の前では間違っても言ってはいけないと悟った。

鈴木先輩との出会い以上に秀樹が驚いたことが石塚荘であった。

この石塚荘は木造二階建て。広い共用玄関があり、玄関から一階の共用廊下沿いに四畳半の部屋が数部屋並んでいた。鈴木先輩の部屋は玄関から三部屋目あたりだったと秀樹は記憶している。

共用玄関は夜になると鍵がかかってしまう。何時に施錠されていたかは定かでないが、主のいない鈴木先輩の部屋に潜り込む時は、垣根を乗り越えて部屋の窓から侵入していた。

共用玄関の階段を上《のぼ》ると一階と同じように廊下沿いに何部屋か並んでいた。二階に上った最初の部屋の住人こそ、小・中・高と同級生で仲良しだった桜井博之君だった。桜井君が、応援部の巣窟ともいうべき石塚荘を下宿先に選んだのは全くの偶然だったという。顔を合わせた時、秀樹は本当に驚いた。

「なんだ桜井じゃないか！　どうしてここにいるんだ」

「どうしても何も、下宿先としてここに住むようにしただけだよ」

「いや〜、奇遇だよなあ。広い東京のその中で、よりによってこの石塚荘とは」

「いや俺もびっくりしたよ。まさか応援部の方が何人も住んでいらっしゃるなんて。しかも青島が応援部に入ったとはなあ」

桜井君は、「田舎のお坊ちゃん」の秀樹とはまるでタイプが違っていた。いわゆる「優等生」であって、小・中ではそれぞれ生徒会長もやり、成績も常に学年トップ。早稲田の文学部も指定校推薦での入学だった。「一発勝負」の秀樹とは大違いだった。

ただし、幼馴染ではあっても、田舎の進学校では、三年生ともなるとお互いの進路を語ったりすることはなくなり、秀樹が早稲田に対して強烈な憧れを持っていたことなぞ話したことはなかった。まして応援部に入って「早稲田を満喫したい」などと思っていたことなど、桜井君には想像もできなかっただろう。

そもそも桜井君と話をすること自体、いつ以来のことなのか、秀樹は思い出せないほどだった。

「なあ、青島、俺は大学でちゃんと学問したいんだ。だけど石塚荘のこの環境だとなかなか難しそうだなあ」

「げっ、勉強、いや学問すんの？　俺なんか自慢じゃないけど授業は履修登録しただけで全く出てないぜ」

「俺は文学をやりたいからなあ。だからこその早稲田だぜ」

「そうか、俺は応援部だなあ」

坪内逍遙以来、早稲田大学は文学の盛んなところだ。なにしろ、日本で最も古い文芸誌『早稲田文学』が今でも発行され続けている。明治・大正期は自然主義文学の牙城と目されていたし、芥川賞・直木賞の受賞者数は他大学出身者を圧してダントツの一位である。

また、応援部も前述のような輝かしい歴史を有する。

早稲田の新入生として、両者の志はそれぞれもっともである。さまざまな志を持ち、強烈な個性の人間が全国から集まるのも早稲田の魅力であろう。

この石塚荘において、秀樹が最もお世話になったのが小森さんだった。

小森先輩は「新人監督サブ」だった。だから新人の世話をするのは当然とは言え、秀樹が二日と空けず一緒に飲みに行く相手だったというのは、よほど相性が良かったからであろう。

「なあ、青島、今年一番頑張った新人には『新人賞』をあげようと思ってるんだぜ。獲れるようにがんばれよ」

「はいい〜!」

秀樹は不遜にも、「新人賞」を獲るのは自分しかいないだろう、という思いを強くしていた。ところが、その思いが強かったために、後々思わぬ方向でマイナスに作用することになる。そんな展開になるなどと、そのときは予想できるはずもなかった。

6　応援部新人としての活動

その頃、応援部吹奏楽団では「今年の新人で早稲田キチガイの奴が入部した」という話が瞬く間に広がっていたという。「どんな奴だ」という先輩たちの好奇の目があった。同じ磐田南高校出身の二年生に永井克郎さんという先輩がいた。秀樹が高校生のとき、実況中継で見た早慶戦のテレビに映っていたその人である。秀樹にはまぶしいようなあこがれの先輩だった。

ところが、当の永井先輩は、そんな後輩が入部してくることをあまり快く思っていなかったかもしれないと秀樹は振り返る。当時から「大人びた」雰囲気の人であり、「えらい迷惑だ」と感じていたのか、あまり親しくしてもらった記憶はないという。それでも、一緒に飲みに行ったこともあれば、池袋の下宿にも行ったことがあるというのだから、あるいは秀樹の思い過ごしかもしれない。

期待の新人として扱われる以上、当然頑張らなければならない。楽器は、高校までのトランペットからトロンボーンに変えてもらったばかりなので、曲などまだ吹けるレベルではなかった。奏者としての期待に応えることは到底できない。それ以外のことで頑張るしかないと思った。

新人の仕事で一番重要なことは「器材」の運搬だった。「器材」というのは、楽器、譜面台、そして吹奏楽団として活動するために必要なすべての物のことである。吹奏楽団として活動をする際には、それぞれ個人で楽器を持っていくのではなく、部としてすべてのものをまとめて運搬するのである。

そういう意味では、どこに出かけるにも、まず「初めに器材ありき」である。「器材」の運搬が不可欠なのである。それは現在でも変わらないであろう。

具体的には、二年生の「その日の器材当番」が決められていて、新人はその指示に従って「器材」を運ぶ。野球の応援や、吹奏楽団の演奏のアルバイトなど、その日の活動内容によって使う楽器も変わってくる。たとえば、「トランペット五本、トロンボーン四本、チューーバ二本」などとノートに記入されているものを、器材の場所が変わるたびに確認していくのである。

練習場を出発する際にまず確認、トラックに積み込む時にも確認、トラックから降ろした際にも確認、トラックから指定の搬入先まで運んだ際にも確認。一日に何回確認するか気が遠くなるほどだ。

器材責任者の「トランペット五本！」という確認の声に対して、新人揃って「はいい」。

「トロンボーン四本！」

「はいい」

「譜面台三二本！」

「はいい」

「本当に数えたか？」

「数えました～」

当番の二年生も真剣だ。器材の一つでも失くしたらエライことである。「確認」が二年生の仕事だった。新人にとっては、運搬そのものが一番の仕事である。

リーダーにとっての「器材」は「校旗」や大太鼓など。

「校旗」が収められている箱は、それこそ「命よりも大事」である。

電車に乗る際は、まず「校旗」を座席に置き、人間は立っている。「校旗」が収められている箱を床に置く際は必ず新聞紙を敷く。部員がその上を跨いではいけないし、一般乗客もしかりである。そんなことが起きないように、リーダー新人は常に器材の番をすることになる。

吹奏楽団の場合には、そこまでのことは要求されないが、それでも中身は傷みやすい楽器である。運搬する際は細心の注意を払い、どこかに置く際はできるだけ日陰を選び、しかも盗まれたりしたら大変なので、必ず交代で番をつける。

「器材」に関することで一番楽しかったのは「トラック」だったと秀樹は述懐する。

当時、吹奏楽団の練習場は理工学部キャンパスにあった。理工学部キャンパスの最も明治通りに近い所、目の前が新宿体育館である。そこには、使われなくなった木造の教室があり、そのうちの一部を自動車部が部室として使い、吹奏楽団は残りを練習場として利用させてもらっていたのである。

理工学部キャンパスの正門は練習場からは遠いので、そこまでは行かずに金網フェンスの間をくぐり抜けてショートカットするというのが、いつものルートになっていた。

自動車部が隣にあるというのは、何かにつけて都合が良かった。電話は自動車部のものを借りていたし、どこに出かけるにも自動車部がトラックを出してくれた。自動車部のトラックに吹奏楽団のすべての器材を積み込み、記念会堂の裏手にあった応援部部室に立ち寄ってさらにリーダー器材を積み込み、毎週神宮球場へ出かけるのである。

トラックの荷台には、器材とともにリーダー新人、吹奏楽団新人それぞれ二名ずつ、計四人が乗り込んだ。若いとは言え、無茶なことをしていたものだと秀樹は振り返り思う。

器材と一緒に荷台に「積み込まれた」新人たちは、よく歌を歌った。新人にとって「歌を覚える」ことは、何より最優先だったのだ。歌の練習にはトラックの荷台が最適だった。リーダー新人は、歌詞は覚えているけれどメロディーがよくわからない。吹奏楽団新人はその逆。お互いを補完し合う好例だった。

「紺碧の空」から始まり、「燃ゆる太陽」「光る青雲」……と、応援歌を神宮球場に着くまで延々と歌っていた。帰りも同様である。秀樹にとって、それは楽しい思い出になっている。

吹奏楽団の練習は週二回、火曜日と金曜日だった。練習場に集まって全員で練習する。練習場はいつでも使えるので、自分が空いている時間に個人練習を行うこともできた。「吹奏楽団」だから、扱う楽器は大きな音が出るものばかり。自分の下宿で練習するわけにはいかない。練習場での個人練習が楽器上達への鍵となる。

「一発屋」の秀樹は地道な練習は苦手であったが、バンドの「戦力」になるためには個人練習をこなすしかすべはない。音楽をずっとやってきていたので譜面自体は読めるし、先輩から指導されることも理解できた。

単調なロングトーンばかりやっていると、連日連夜の先輩たちとの飲み会のせいもあり、あまりの眠さで頭がぼうっとしてきた。そのとき、トランペット・パートの二年生の佐藤一英先輩が声をかけてきて、頭が覚めた。

「おい、お前、高校時代はラッパだったんだって？」

ラッパとは、トランペットのことである。ちなみにトロンボーンはボーン。

「はいい」

「で、何で今ボーンなんだよ」

「ラッパはものになりませんでした。だから一から出直すつもりでボーンにしていただきました」

「そっか～、実はラッパ、人数が足りなくて困ってるんだよ。ボーンはいっぱい人間いるけどなあ。お前、ちょっとこのラッパ吹いてみろよ」

「はいい」

そんな意外な展開で、トランペットを手渡されてしまった。

実際に楽器を手に取ってみると、中学から六年間吹いてきたラッパである。ボーンとは違ってとても馴染む感じがした。一とおり音階を吹いてみると、

「なんだお前、めちゃくちゃ吹けるじゃないか。それじゃこの教則本の曲、初見《しょけん》で吹いてみろよ」

言われるままに教則本の練習曲を吹いていった。「初見」とは、初めて見る楽譜でいきなり演奏することである。

「お〜、全然いいじゃないか。そんじゃ俺と二重奏の曲を吹いてみようぜ」

「はいい」

二人で次から次へと練習曲を吹いていった。

「お前よ〜、ラッパやれよ。ボーンの上級生には俺から言っとくからよう。このままボーンやってたって戦力にはなかなかなれないぜ。それよりうちのパートは人数いなくて困ってるんだからよう。『コンバットマーチ』なんか、人いなくて大変なんだぜ」

「はいい」

「そのバック、使っていいからよう」

「バック」とは、アメリカのヴィンセント・バック社製トランペットのことである。「トランペットのストラディヴァリウス」とも称され、トランペット奏者なら誰もが憧れる楽器である。

応援部では、吹奏楽団であっても先輩の言うことには従わなければならない。もちろん「応援団」ではなく「部」であるから「どんなことでも」ではないが、このようなケースでは当然従わなければならない。佐藤先輩の言うことには、「部」としての都合もあるからだ。

バックをあてがわれたことで、佐藤先輩の期待の大きさも感じ取れた。こうして、入部一週間で、秀樹の運命は大きく変わった。

ラッパに転向して何日か経ったある日、高田馬場駅で偶然、ラッパ・パートの二年生石澤徹先輩に出会った。

「チワ〜」

「お、青島じゃないか。相変わらず学ランに角帽かよ。今時そんな姿のヤツどこにもいないぜ。まあ、でもラッパに移ってくれて嬉しいよ。何せラッパは二年生三人しかいないからな。実際困ってたんだよ」

「はいい」

「これから練習場か？」

「はいい」

「じゃあ、一緒に行こう、ついでに途中で昼飯をごっつぁんするぜ」

「はいい」

「お前さあ、早稲田キチガイなんだって？　まあその恰好見りゃわかるけどさあ」

「はいい。早稲田に入ることは応援部に入ることと決めてました」

「どうしてリーダーじゃなくバンドなんだよ」

「早稲田を応援するのにリーダーもバンドもないと思ってました。ずっと楽器をやってましたし」

「そっか〜。でも吹奏楽団は、第一には音楽性を追究する集団だというのが今の先輩たちの目指しているところだからな。お前のようなリーダーみたいな能天気な奴は迷惑かもしれんぞ」

「えっ、そうなんすか」

入学式の日に早稲田精神昂揚会の部室を訪ねた際、同じく早稲田を愛するというところでは軌を一にすると思っていたのに、応援部との関係はあまり良くないということに驚いたのだが、それ以上の驚きだった。

「大体、吹奏楽団としては応援部的なものに対して否定的な人間が多いからなあ。だからリーダーのことは好きじゃない奴も多いぜ」

「えっ、だって同じ応援部じゃないすか」

「だからよう、今の吹奏楽団の部員は吹奏楽をやりたくて入った奴がほとんどで、お前のように応援をやりたいなんて奴は珍しいんだよっ」

この当時、まだ「早稲田大学吹奏楽団」は発足していなくて、早稲田大学で「吹奏楽」をやりたければ応援部吹奏楽団に入部するしか方法がなかったのである。そのような部員たちが多数を占めているのだから、「応援部的なもの」と「音楽性の追究」の狭間で揺れ動いているのは仕方がないことであった。

「だからよう、野球の応援だとか行きたくないと思ってる奴も多いんじゃないか」

「それで応援部と言えるんすか」

「まあ、そう思ってる奴は、応援部の前に吹奏楽団だからなあ。応援は仕方なくやってんだよ」

石澤先輩はどうなんすか、との問いが喉元まで出かかったが、やめておいた。

二人でそんなことを話しながら早稲田通りと明治通りの交差点まできた。

「んじゃ、飯食うぞ」

交差点角の立ち食いそば屋に石澤先輩は入った。

「おい、何でも好きなもの食え」

「はいい。んじゃかき揚げ天うどんを」

「おお、食え食え。俺はライスとチクワ揚げにしとくからな」

「えっ、先輩そんなものでいいんすか」

「金ねえからなあ。次の仕送りまでまだ日があるしなあ。でも新人は先輩の懐具合なんか心配しなくていいからな。遠慮すんな」

「はいい」

石澤先輩はライスの上にチクワ揚げを乗せると、万遍なく醤油をかけて美味そうに食べた。

自分が安い物を食って後輩にご馳走する。先輩の後輩に対するふるまいというものを知って胸が熱くなった。このときのかき揚げ天うどんを、秀樹は生涯忘れることはないだろう。


四月の六大学野球リーグ戦が始まり、秀樹はだんだん応援部生活に染まっていった。早稲田の歌も、野球の応援で用いる曲は歌詞とメロディーを大体覚えていたという。トラック荷台での練習の賜物である。ラッパでの演奏よりも早い習得だった。

ある時、リーダーの先輩が、

「お前、バンドなのに早稲田キチガイなんだって？　そんだけ早稲田が好きなら、当然『人生劇場』『青春の門』は読んでるんだろうな」

「いえ、まだ読んでないっす」

「ふん、何だ。それでよく早稲田キチガイだなんて言えたもんだな！」

秀樹自身の口から「早稲田キチガイ」と言ったことは一度もなかったのだが、実際先輩の言うとおりだった。

「応援部にはなあ、『人生劇場』の口上が伝わっていて、早慶戦に勝った時には幹部の方が口上をやられるんだぜ」

『人生劇場』も『青春の門』も、その小説が早稲田を舞台にしていることは知っていた。「早稲田のバイブル」と言われていることも知っていた。だが、読んでいなかった。秀樹は大きな恥じらいを感じた。

「そういえば……」磐田の実家には『尾崎士郎全集』のうちの『人生劇場』が収められた巻があった。古ぼけた背表紙を思い出した。

「ああ、あれが『人生劇場』だったのだ」

父が買ったものか長兄が買ったものか、とにかく実家にその本があった。どうして入学前に読まなかったのか、とても悔やまれた。

そして、その「口上」とはどんなものなのか。早慶戦に勝った時にしか見ることも聞くこともできないのだから、想像もできなかった。

早速『人生劇場』の文庫本を買ってきて「青春篇」から読み始めた。

「おお、三州横須賀村（現、愛知県西尾市）の青成瓢吉……面白いじゃないか」

貪るように読み進んだ。

ひ弱だった瓢吉に、父親の瓢太郎が「立派な男になれ」と言われるくだりでは、秀樹は自分のことを重ね合わせていた。秀樹自身は、父からそのように言われたことはない。だが、父に言われるまでもなく、自ら「立派な男」になりたくて早稲田を目指したのだ。ひ弱なお坊ちゃんから生まれ変わるために。その「志」は瓢吉と同じだと思えた。

「ド田舎の三州横須賀村から花の都の早稲田大学を目指した瓢吉は、同じくド田舎の遠州見付から早稲田を目指した自分と重なるじゃないか」

読みながらさまざまな感慨が秀樹の胸に満ち溢れてきた。

「そもそも、このように早稲田に行かせてくれた父と母に心から感謝しなければいけない」

物語の中の、息子を思う瓢太郎の生き様を読み進めていくうちに、そんなことも思うようになった。

「生まれ変わる」などと暢気《のんき》なことを思い、何不自由のないことをさせてもらっているのも、父母のおかげだということが身に染みた。「生まれ変わりたい」などということを両親に言ったことはない。だが、言わずとも「立派になってほしい」と思って早稲田に行かせてくれたのだと思うと目頭が熱くなった。

『人生劇場』を読んで、改めて早稲田に入学したことの意味を感じ取った気がした。「そうだ、今が青島秀樹の『人生劇場』第二幕開演じゃないか。思う存分第二幕を演じ切ろう」

この年、応援部へ入部した新人は、リーダー一〇名、吹奏楽団九名。うち三名が女子という内訳だった。もちろんチアリーダーズはまだない。

現在の応援部は、部員二〇〇名くらいの中で、なんと一四〇名を超える女子部員がいるというから驚きだ。もちろんチアリーダーズの部員が多いからだが、当時は吹奏楽団にちらほら女子部員が入部してくる程度という時代だった。

当時三年生だった長田みどりさんが、早稲田大学応援部の栄えある女子部員第一号である。二年生は二名、新人の三名を加えて、吹奏楽団六〇名ほどの中で女子は六名しかいなかったという。リーダーは三〇名ほどの部員全員が男子。まさに「男の世界」だった。

「新人」として入部した秀樹の同期で、最後まで続けて「卒部」したのは、リーダー一〇名のうち四名、吹奏楽団は九名のうち六名。女子三名は全員辞めなかった。

現在では、せっかく入った部員が途中で辞めないように、あらゆる方策を考えて部員一人ひとりがケアされているが、当時そんなことは全く考慮されていなかった。「優秀な奴ほど辞めていった感が強い」という思いもあるが、秀樹は辞めずに続けた。その「辞めなかった」という事実と実感が、その後の秀樹の人生において大きな気持ちの支えになっている。

7　応援部の挨拶と集合

応援部生活の中でその後の人生に役立ったことは「挨拶」だと秀樹は思っている。「挨拶」は応援部員としての基本であり、吹奏楽団であっても、「挨拶」に関する先輩の指導は厳しかった。

応援部における「挨拶」とは、単に「挨拶する」ということだけではなく、自分の言いたいことをどのように相手に伝えたらいいのか要領を考えながら話す、という「話し方の基本」も含まれる。応援部の部員と話をすると「気持ちがいい」と言う人が多いのは、そのためであろう。

応援部生活の中で「挨拶」以外に特徴的なものは、「五分前集合」。集合する場合は、常にその五分前、という意味である。その習慣が今でも抜けない秀樹は、ありがたいことだと思っている。

「どうしても時間に遅れる場合は、相手を待たせる時間を一秒でも少なくする努力をしろ」ということも新人のときに教え込まれた。だから、時間に遅れそうな場合は「とにかく走る」。必死に走る。そこまで努力すれば、待っている相手もわかってくれるというわけである。

この考え方は「常に相手のことを思いやって考え行動する」という応援部ならではの精神とも言えよう。

部の活動として行動している時、一日に何回となく「集合～!」という号令がかかる。何をしている最中であっても、起点となる三年生部員が手を挙げているところに向かって全員で走り寄り、集合・整列する。軍隊の号令のようなもの。リーダー、吹奏楽団関係なく、前から三年生、二年生、新人と学年ごとに整然と整列する。「気をつけ」の姿勢で、腕は後ろで組んだ状態である。

三列に並んだ下級生の部員に相対する形で、四年生の幹部が整列する。

「集合」の目的は、一日の始まりと終わり、そして途中での注意事項などを伝達するためである。

主務「部員の皆さん、朝早くからごくろうさまです」

下級生全員「ちわ～！」
主務「それでは主将から一言お願いします」
主将が一歩前に出て、
主将「今日は負けられない一戦です！」
下級生全員「はいい～！」
主将「最後の最後まで気を抜かないように」
下級生全員「はいい～！」
主将「それではがんばっていきましょう」
下級生全員、礼をして「はいい～！　失礼しま～す！」
部長先生や監督、ＯＢが同席の際や、他大学関係者の挨拶がある場合は、幹部も下級生と同じように整列するので、列は四列となる。
神宮球場における東京六大学野球の試合では、開始前や終了後に「集合」する。当時は、リーダー幹部たちに大勢の女性ファンがいたので、そういったファンの女性が数多くこの「集合」を遠巻きに見物していた。
「応援部的」なものを嫌っていたはずの吹奏楽団の先輩たちでさえ、最も「応援部的」とも言えるこれらのことは抵抗なく受け入れていたというから面白い。連綿と続く伝統のなせるわざなのであろうか。

「ひ弱な田舎のお坊ちゃん」から脱却したいと願っていた秀樹は、このような応援部生活の中で、日々たくましくなっていくのを感じていた。

8 「人生劇場・口上」の感激

買い揃えた文庫本の小説『人生劇場』を、秀樹は貪るように読んだ。「青春篇」から始まり、「愛慾篇」「残俠篇」「風雲篇」「離愁篇」「夢幻篇」「望郷篇」……。

毎晩のように飲みに連れていかれるので一気にというわけにはいかなかったが、長編にもかかわらず、比較的短期間に読了した。

秀樹の意識はいつの間にか物語の中に没入していた。気分は主人公の青成瓢吉そのものだった。

ところが、『人生劇場』を読み終えると、その興奮まだ冷めやらぬうちに、今度は五木寛之の小説『青春の門』が気になってきた。『青春の門』は、『人生劇場』に倣った五木の自伝的小説である。一人の若者（伊吹信介《いぶきしんすけ》）が、田舎（九州）から志を持って花の都へ出てきて早稲田大学へ入学し、その後の波乱万丈の人生を描いていく。『人生劇場』と時代背景は違うが設定はよく似ている。

読み進めていくと、つい先日まで青成瓢吉になったようなつもりであったのに、今度は伊吹信介になったような気がしてくる。それが小説の魅力というものである。秀樹のみならず、早稲田の多くの学生がそういう気分で読んできたことであろう。

秀樹はこのような物語を読むにつけ、自分が小説の中の主人公そのままのように、早稲田の学生として、早稲田を、そして青春を謳歌できている喜びに満ち溢れた。

一年生の春のシーズンは、こうして過ぎていった。

この年、あの作新学院の江川卓《すぐる》投手が法政大学に入学し、神宮球場は久しぶりに活況を呈していた。その江川を、神宮球場のスタンド下の通路で初めて間近で見た時の衝撃が、秀樹は忘れられない。

野球選手はもちろん皆、下半身がしっかりしているのだが、江川のそれは異常だった。とにかく尻が大きい。一般人の倍はある、と言えば言いすぎだが、並みの選手でないことは一目瞭然だった。

この年の法政には、江川のみならず、前年の高校日本代表チームがそっくりそのまま入学したのではないか、と思えるほど大量の有望新人が入部していた。秀樹が在学中の四年間、早稲田はこの江川を中心とした黄金期の法政と戦うこととなる。

「江川、江川」のコールで神宮は沸きに沸いた。神宮がこれほど沸いたのは、先には長嶋茂雄の時代、後には斎藤佑樹の時代と言われている。例年ならさほど盛り上がらない慶法戦などにもたくさんの観客が押し寄せた。江川は、「合格間違いない」と言われていた慶應を落とされて法政に入学した。したがって、慶法戦はやや「因縁」の試合のような様相を呈していた。しかし、さすがの江川も、まだ一年生の春のシーズンでは投げる機会はほとんどなかった。

この春のシーズン、早稲田大学野球部は快調に白星を重ねていた。江川が登板しなかった早法戦も勝ち越し、早慶戦に勝てば完全優勝というところまできていた。

ところが、秀樹自身は応援部に所属していながら、楽器奏者として全く使い物にならない状態だった。古巣のトランペットに変更して練習に励んではいたのだが、中学以来の悪い奏法を変えようともがき続けていた。期待してバック製のトランペットを与えてくださった佐藤先輩に申し訳ない気持ちでいっぱいだった。

その代わり、トラック荷台での「早稲田の歌」練習のおかげもあり、ほとんどの応援歌はすでに歌えるようになっていた。

そして、いよいよ待ちに待った早慶戦がやってきた。東京六大学野球リーグ戦の掉尾《とうび》を飾る伝統の一戦。神宮球場は内野も外野も超満員である。早慶両校のファンであふれかえったスタンドは応援合戦が繰り広げられ、いやが上にも盛り上がる。

一回戦は、延長一三回で引き分け。二回戦は早稲田の打棒が爆発して一〇対一での勝利だった。試合終了後、早慶戦に勝った時のみ歌われる「早稲田の栄光」を斉唱。そして……「人生劇場」だった。

リーダー幹部がセンターに立つと、前奏の前に「口上」を静かに語り始めた。

「昨日も聞いた〜今日も見た、早稲田の杜《もり》に青成瓢吉が出るという。尾崎士郎原作『人生劇場』より……」

「人生劇場」という曲を、歌としては知っていた。一九三八（昭和一三）年に映画化されたときのテーマソング。佐藤惣之助作詞、古賀政男作曲の名曲である。当初は楠木繁夫が歌い、戦後は村田英雄が歌ってヒットした有名な歌謡曲だ。しかし、まさかこのように「口上」を入れて歌うのだとは、秀樹は知らなかった。

「おお、無声映画の時代の活弁、弁士さんじゃないか。ああ、こういう風にやるんだ」

「校歌」も「紺碧の空」も、そして「早稲田の栄光」もいいが、「人生劇場」は格別だ。

その素晴らしさに秀樹は圧倒された。

「これこそが早稲田だ」

「応援部リーダー」と言えば、当然、全身を使っての「動の応援」が主体である。その中で、「静」の極致とも思える「人生劇場」は、とても新鮮に映った。これこそがバンカラな早稲田だ。憧れた早稲田の世界がそこにあった。

四番に入る前の「口上」の一節に、「浮き立つ雲に誘われて、一人旅立つ東京の～学びの庭は、早稲田なりぃ！」というくだりがある。

「そうだ！」という思いで、秀樹は目頭が熱くなり、演奏しているラッパの音に思わずビブラートがかかってしまうほどだった。

まさかそのあと何十年の長きにわたり、秀樹自身がこの「人生劇場」にかかわっていくことになるとは……もちろん、このときは夢にも思わなかった。

早慶戦も勝ち点を奪い、早稲田はこのシーズン完全優勝。早慶三回戦には、田舎から父と従弟が観戦に来ていた。二人とも神宮から早稲田までの優勝パレードにも参加。最高の親孝行になった。

このときの父は幸せそうで本当にとてもいい笑顔をしていたという。長兄のことを「早稲キチ（早稲田キチガイ）」「サキチ（サッカーキチガイ）」などと呼んでいたが、実は父自身が一番の「早稲キチ」だったのではないかと秀樹は思っている。

9　「人生劇場・口上」の工夫

春のシーズンが終わると、当時の応援部は「夏合宿」「夏の演奏旅行」と、行事が続いていた。応援部員は、リーダー、吹奏楽団とも夏合宿を経験しないことには部員昇格はできないのである。リーダーの下級生にとっては「地獄の」夏合宿である。

早稲田大学には、野球部やラグビー蹴球部などの体育会の各部が、当時三九部あったが、そのどこにも負けない練習を課すのが応援部リーダーである。人に「頑張れ」という以上、自分たちはそれ以上に頑張らなければいけない、というのが応援部員たるものの心得である。

合宿では、リーダー、吹奏楽団全員による早朝の散歩（というも名のジョギングに近いもの）、校歌斉唱により一日が始まる。全体を四～五班程度に分けて、すべてこの班による共同生活で一〇日間ほどを過ごすのである。食事の世話もすべてこの班によって持ち回りで行う。とは言っても雑用は当然、下級生がこなさなくてはならない。

それぞれの班の幹部が中心となって「班名」を考えて、合宿中はそれを名乗っていたが、それが楽しみの一つだったという。

また、合宿最終日には仕上げの「総合練習」があり、夜にはお楽しみの「納会」があった。「納会」では、それぞれの班が「寸劇」を披露し、一番面白かった班には「最優秀賞」が与えられる。合宿中は休憩時間になると班のメンバーが集まり、寸劇のストーリーや配役を決め、台詞《せりふ》などを練習していた。

その頃は女子部員が少数だったので、寸劇の多くはエログロナンセンス路線。舞台上で裸になるというようなことも当たり前だった。もちろん「笑い」をとることが必要で、そのような場面では三年の小森さんが才能を発揮した。

「内輪」で大うけのネタなどというのは、実際に寸劇でやってみるとあまりうけないものである。ところが、小森さんの場合は内輪ネタでもうける。クレージーキャッツ風の軽妙なものが多く、笑いのセンスは抜群だった。

「幹部部屋」「OB部屋」「監督部屋」にお茶を持っていくのも、当番の班の新人の役目である。

「ちわ〜、吹奏楽団新人青島、お茶を持って参りました。入ってよろしいでしょうか」

「おぅ、入っていいぞ」

「ちわ〜、失礼します！」

そう言って部屋へ入る。リーダーの新人も当然これをこなすのだが、リーダー新人はどんなに疲れていても、休憩時間に部屋では寝転がってはいけないという決まりになっていた。立ち上がれないほどの練習を午前中にやってきて、なおかつ雑務もこなさなければいけないのだから、傍目にも気の毒だった。これほどすさまじいことがあるのだろうか、と秀樹は思った。

吹奏楽団の場合、朝食が終われば「午前練習」、午後は「午後練習」、そして夕食後は「夜練習」と続くので、これもなかなか楽ではない。

入浴は、OB、監督、幹部と続いて最後に新人。昼間、汗水垂らし、土にまみれた大勢の男たちが入った後だから、新人が入る頃には湯船の中はお湯ではなく、ほとんど泥という有様になる。

昼休み、寝転がれないので壁にもたれかかり、疲労で目もうつろなリーダー新人の横で、秀樹は改めて『人生劇場 青春篇』を読み返していた。

小説『人生劇場』の叙事・叙情の一節や、登場人物の台詞を綴り合わせて「口上」は作られていた。早慶戦での「人生劇場・口上」を聞いたあと、秀樹はずっとその「口上」が気になっていた。「口上」のそれぞれの部分は、小説のどこから引用されているのだろうという興味である。合宿に持っていった『人生劇場』の文庫本は、そのために付箋だらけになった。

意外だったのは、「口上」の台詞は、必ずしも小説の中の文章をそのまま使っているのではないということだった。「口上」は、長い間に、それを語り続けた先人たちの工夫が加わっており、それによって、原作とはまた違う味わいと魅力を加えているのである。

それを知って、「口上」に対する秀樹の関心は一層高まり、ぜひ覚えたいと思うようになった。実際、少しずつ覚え始め、合宿が終わる頃には、すでに諳《そら》んじて言えるようになっていたという。そんな新入生は極めて稀であろう。

合宿に引き続いて演奏旅行があった。応援部の演奏会を全国各地でやるのである。八月の後半、だいたい一週間から一〇日くらいの日程で全国各地へ部員全員で演奏旅行に出かける。この年は信州方面だった。上田で演奏会、翌日は小諸。翌年は九州縦断だった。

多くのパターンでは、その町の駅前から繁華街をパレードし、演奏会では第一部が吹奏楽団による吹奏楽ステージ、第二部が早稲田大学校歌・応援歌の紹介というプログラム。場所によっては、これにアイドル歌手のステージが加わったり、早稲田大学ハイソサエティ・オーケストラ（通称「ハイソ」）や早稲田大学ニューオルリンズジャズクラブといった学内の音楽団体のステージが加わったりしていた。

まさに「早稲田を紹介する」イベントであり、これを開催することの意義はとてつもなく大きい。この演奏会に観客として来場し、それがきっかけで「早稲田を目指したい」という思いに駆られる高校生がたくさんいた。現実に、小諸の演奏会に来場した高校生が、翌年応援部に入部してくれたこともあった。

各地の学生稲門会《とうもんかい》（早稲田大学の地方学生の会）の主催で開催し、応援部や音楽団体との折衝・調整役を務めたのが、学生稲門会の上部組織である全国早稲田学生会連盟だった。

現在、この応援部による演奏旅行は行われていない。早稲田も地方から進学する学生が年々減少し、学生稲門会のパワーが以前ほどなくなってきたのが主な要因であろう。

演奏旅行では、早稲田の校歌・応援歌ステージで、リーダー幹部が「人生劇場」を披露した。秀樹は吹奏楽団の一員として、伴奏を演奏する立場で「口上」を聞いていた。すでに「口上」は諳んじていたので、リーダー幹部の「口上」の語り口に耳をそばだてて聞いていた。

そこで改めて気になったのは、いかにも「口上」の台詞を棒読みしているように聞こえる点だった。学生なので素朴なのはいいけれども、抑揚もメリハリもない単調な「口上」は果たしてどうなのかと思った。また、二番に先立つ「口上」で「我が胸の　燃ゆる思いに比ぶれば　煙は薄し　桜島山」という和歌を詠じるのであるが、その心が全く胸に響いてこなかった。

『人生劇場』の小説の中では、お袖《そで》に思いを寄せていた新海一八《しんかいいっぱち》が、親友青成瓢吉の恋敵とならずに自ら身を引くことを決意した場面で歌っている。もとは、幕末、福岡藩尊皇攘夷の志士だった平野国臣《くにおみ》が、日本の国を思う一念で詠じた熱き志の歌である。

ところが、目の前で詠じられている「わが胸の〜」は、そんな熱い思いを感じさせるものは何もなかった。「上手く」詠じるということより、もっと「熱き心」を込めなければいけないのではないかと秀樹は思った。

「人生劇場」の「口上」は、長い早稲田の歴史の中で連綿と引き継がれてきたものである。応援部だけでなく、早稲田精神昂揚会やさまざまな部・サークルでも語り継がれてきた。

したがって、「口上」は語る人間によっていろいろな台詞があり、そういう意味では「正調」というものはないと言ってよい。あえて言うなら、時の応援部リーダーが語る「口上」が唯一「正調らしき存在」と言っていいのかもしれない。ところが、その応援部自体、先輩の語った「口上」を次の代がそのまま引き継いできたわけでもなく、時代によってさまざまに変化してきたものらしい。

「正調」の語り方がないということは、語る人間によって、上手・下手の差が大きく出てしまうという結果になる。リーダーによる校歌・応援歌の指揮、いわゆる「テク」の場合は、すでに完成されている「型」を徹底的に後輩へ覚え込ませていくので、個人差は極めて少ない。

そういう意味では「口上」はまだまだ完成されたものではないのではないかという思いが秀樹の胸につのった。それならば、自分流に語ってみても全然悪くないのではないか、という思いに駆り立てられるようになっていった。

応援部の活動は夏の「合宿」「演奏旅行」を終えて、そのまま東京六大学野球秋のリーグ戦に突入していった。

応援部の年間スケジュールはとてもタイトである。時間的な余裕はあまりない。うっかりしていると授業にも出そこなう。

秀樹の場合、その当時は「授業に出る」という意識そのものがあまりなかった。一年生前期の授業は、それぞれ試験前の一回出席した程度というありさま。たとえ出欠に厳しい語学であっても同様だった。せっかく天下の最高学府早稲田大学へ入学したのに、「学問」はおろか、授業に出席する程度のことさえおろそかであった。

単位取得の関門は試験だが、それも先輩や同級生からノートを借りて、出題されそうなところをコピーして対処した。その時代の教授は十年一日のごとく毎年同じようなことを講義し、同じような問題を出す先生が多かったので出題の予測がつく。そのやり方でも何とかなった。

そもそもその頃は出席をとる授業は限られていたし、秀樹の場合、出席を取る授業は語学くらいしか登録していなかった。もちろん「楽勝」とはいかないものの、まあどうにかなった。

出席重視の「語学」と「体育講義」の試験では、「私は応援部の部員でして、日夜早稲田大学体育各部の応援のために活動しており、そのためになかなか授業に出ることがかないませず申し訳ありません」などと都合のいいことを答案に記入しておいた。それで通してくれたのだから、牧歌的良き時代の早稲田である。

文部科学省の指導により、近年の大学は出欠に厳しくなった。出席回数が定期試験受験の大前提になるので、現在では秀樹の方法は通用しない。早稲田の学生も出席率がよくなったと聞く。しかし、人間の成長を考えるとき、それでよいのかどうか、疑問である。そんな教育環境では、「伝記」を書きたくなる青島秀樹のような傑物は育たないのではないか。

秀樹の場合、大学の授業はどこ吹く風。勉学が念頭にない代わり、一心に取り組んでいたのが「人生劇場」の「口上」だった。

応援部内での「本職」はラッパなのだから、「口上」の「研究」をするなど、全く余計なことである。しかし、なぜか秀樹の意識を駆り立てるものがあった。そもそも研究したところで、その成果を「発表する」機会などはない。それは重々承知のこと。それなのに「研究したい」という欲求の深みにはまっていった。

気になったのは「口上」の詞章ではなく、語り口だった。詞章の方はすでに諳んじていたし、これはこれで一つの「型」であるというのも理解できていた。肝心なのは語り口である。

無声映画における「活動弁士」の語りをまねたスタイルだと思われたが、それにしては、リーダーの幹部が語る「口上」にそのような雰囲気はあまり感じられないのである。要するに台詞の棒読みである。いっそのこと、徹底して「弁士」の語り口でやってみたら面白いじゃないかと思いついた。

「弁士」になったつもりで、語りながら意識的に抑揚をつけてみた。スクリーンに無声映画が上映されていることを想像しながら、それに台詞をつけるやり方。やや「ひょうきん」にも聞こえる語り口調である。

「うん、これはなかなかいいんじゃないか」

何より「人生劇場」の歌にマッチする。棒読みよりは断然いいと思えた。

これが「青島流口上」の最初の基礎、出発点となるものだった。

10 演奏旅行・演奏会・納会

夏の演奏旅行は、「人生劇場・口上」の研究にうってつけの場となった。普通ならリーダー幹部による「口上」を聞く機会は、早慶戦に勝った時のみである。ところが、演奏旅行では、各地で「早稲田の校歌・応援歌」ステージがあり、「人生劇場」も披露される。秀樹は何度も何度も耳にすることができた。

しかし、まさかその「口上」を、熱心に聞き耳を立てている吹奏楽団の新人がいようなどとは、当時のリーダー幹部が知るよしもなかった。

秀樹がこのときに思いついた「口上」の改善点は二つあった。

まず一つは、同じ語るなら「活動弁士」の語り口がふさわしいこと。もう一つは、「わが胸の……」の和歌のくだりを詠ずる時は、もっと情感を込めることである。

この二点は、のちのち改良を重ね、研究の成果として結実していくこととなる。

ただし、「口上」の詞章については、まだ自分なりに工夫するところまではいかず、当時のリーダー幹部が語っていたとおりのものでしかなかった。

合宿、演奏旅行の収穫は他にもあった。

「テク」の習得である。「テク」とは、校歌・応援歌を歌う際にリーダーが行う指揮の所作のこと。早稲田大学応援部の場合は、基本の二拍、四拍から始まってさまざまなバリエーションがある。たとえば、応援歌「紺碧の空」のテクなどには、歌舞伎の見得や六方まで取り入れられている。それほど高度に洗練されたものだ。

ちなみに、東京六大学それぞれの校歌（慶應は塾歌、東京大学は学生歌）を、各大学の応援部（応援団）リーダーがどのように指揮しているかを知りたければ、今ならYouTubeの動画などで簡単に確認できる。

現在の型を見比べた限りでは、早稲田大学応援部のテクが圧倒的に優れている。何よりも全身の姿勢が良い。少しもぶれや乱れが感じられない。また、指先に至るまで神経を行き届かせた手の動きが美しい。それは優雅とさえ言えるしなやかさを伴っている。

さらに、姿勢や手の振りにおいて変化に富んだ工夫が見られ、その工夫に応援の心意気と情熱が見事に表現されている。たとえば、身を斜めに反らして高みを仰ぐような姿勢とその動き。総じて、日本の伝統芸能の技能と比べても見劣りしない洗練された様式美に仕上がっていると言っても、過言ではなかろう。

それらの所作のすべてにおいて、他大学は単調だ。慶應や明治大学ですらも早稲田の比ではない。もちろん、他大学だってけっして下手というわけではない。それぞれ一生懸命やっている。それなのに、どの大学も早稲田とは大きな差がある。

東京六大学随一ということは、おそらく日本一ということであろう。よくぞ、ここまで磨き上げてきたものだと、歴代の応援部員に賞賛の声を送りたくなる。歴代の工夫の集積が感じられる。工夫に工夫を重ね、それを真剣に伝承してきた努力の結晶であろう。

現在と当時とでは違いがあるにせよ、高水準の早稲田大学応援部リーダーのテク基本動作を、秀樹は演奏旅行の宿泊先の旅館の一室で、リーダーの先輩や同期リーダー新人から教えてもらったのである。吹奏楽団の新人では通常、あり得ないことだった。「勝つぞ早稲田」「早稲田三唱」などのテクもここで覚えることができた。

もちろんこのときはまだ見よう見まねにすぎなかったのだが、こののち二年生、三年生、そして幹部となるに従って、テクの技術に磨きをかけていくことになる。

夏の合宿、演奏旅行と続いて、九月になると秋のリーグ戦が始まる。その応援活動のシーズンに突入していった。

しかし、秋になっても相変わらず先輩に飲みに連れて行かれるという生活は続いていた。授業に出席しない状況も変わりなかった。

本職のラッパの方もまた期待に応えられない日々が続いていた。こんなことならやはりトロンボーンにしておけば良かったと思ったことも二度や三度ではなかった。

ラッパの演奏技量に関して象徴的なことがあった。

「東京六大学合同演奏会」に参加した。六大学の各応援部（応援団）の吹奏楽メンバーによる合同演奏会である。他の大学のラッパ奏者はみんな上手かった。

そのとき、明治の上級生が下級生に言っている声が聞こえてきた。

「おい、あれで早稲田のラッパだってよ。よく見とけよ」

自分の演奏技術だけのことならまだしも、早稲田を嘲笑されたことが悔しい。恥ずかしい。秀樹はなんとも申し訳ない気持ちでいっぱいになった。

花の都の早稲田大学に入り、そこで鍛えて「立派な男になる」という思いが、いかに悠長で浅薄なものかと思い知らされた。「成長の過程なのだから大目に見てくれ」と言いたいところだが、入学と同時にすでに「早稲田の一員」として見られていることに気づいていなかった。

以後の秀樹は、「早稲田の人間として恥ずかしくないようにしよう」と、常に自ら戒めながら生きてきた。それが人生観の基本になっている。その原点になった思い出の一つが、実はこのときの恥ずかしさにあるのだ。

秋のシーズンが深まってきた頃、応援部、特に吹奏楽団は自分が求めたものであったのか、秀樹にはよくわからなくなっていた。応援部内での吹奏楽団の「立ち位置」が、どうにも腑に落ちないせいだった。

そもそも、「応援部」であることが大前提であって、先に「吹奏楽団」があるわけではないはずだという思いが強かった。それにもかかわらず、当時の上級生は真っ先に「音楽性の追究」を叫んでいたのである。

吹奏楽団では、楽器の上手・下手が、そのままその人間の評価につながってしまうという伝統も、秀樹には疑問だった。楽器の下手な人間はそのまま低人格者となってしまうのである。

他の運動部などでも似たような風潮があろう。たとえば野球部の場合、「エースで四番」なら、多少の我儘も通ってしまい、控え選手の意見はなかなか通らないということがある。吹奏楽団も実力の世界だった。

同じ応援部でも、リーダーの場合なら、根性さえあれば何とかなる。そこが吹奏楽団と決定的に違う点だった。

年度の後半になって、秀樹はそのような悶々とした思いを抱えるようになっていた。

その中での一筋の光明は、新人監督サブの小森さんが公表していた「新人賞」だった。「今年一番頑張った新人には新人賞をやるぞ」と言ったあの言葉である。これを励みに残りの新人生活を頑張ろうと思った。

応援部の一年は早い。

その年、秋のシーズンは江川の法政に歯がたたなかった。

リーグ戦の最後には早慶戦があり、それが終わると一一月に吹奏楽団の定期演奏会があり、これで応援部の年間スケジュールはほぼ終わりである。

その年の定期演奏会のパンフレットにメンバー紹介の欄があった。秀樹については次のように記されている。

「その愛らしい容姿に似合わず、角帽を常に手離さず、神宮へ行くのが三度の酒より好きという、自他共に信じて疑う応援部期待のアホである」

「疑わない」ではなく「疑う」とあるところが早稲田の学生らしい諧謔である。

秀樹がどのように評価されていたかよくわかる。本人の自己認識としても、「まあ、そのまま」だという。反論の余地なしということらしい。

一二月上旬、その年度の「納会」が開催された。

その年の幹部はここで引退し、次の代に引き継がれる。新人はここで部員バッジをもらい、晴れて正式な部員に昇格する。

リーダーも、吹奏楽団も、すでにかなりの新人が辞めていた。吹奏楽団の新人は男三人に減っていた。リーダー新人はそれでもまだ八名ほど残っていた。

四月の入学式から八カ月。秀樹は自分でもはっきりと成長の跡を感じていた。もちろん「立派な男」というにはまだまだほど遠い。とはいえ、高校時代までの自分とは別人になったという自負も生まれていた。晴れの部員バッジは生涯の宝物となった。

通し番号が裏に刻印されている。№４９７だ。このバッジは今も心の徽章だ。校友会などで「早稲田大学校歌」の指揮を依頼された時は、必ず襟元に着けるようにしている。応援部員として恥ずかしくないテクを披露するための自分への戒めである。

さて、「納会」では、無事、部員昇格を果たせたのだが、問題は「新人賞」である。ほぼ間違いなく受賞できるものと期待していたのに、なんと「該当者なし」という発表だったのだ。「一筋の光明」として、励みにしようと思っていた「新人賞」をもらえなかったショックはとてつもなく大きかった。

おそらく、「みんな頑張ったのに一人だけに賞をあげるのはよくない」という上級生の判断だったのだろう。しかし、その賞を獲りたい、獲れるはずと思ってやってきた身には残念極まりないことであった。

「納会」が終わると、三月の春合宿までは、散発的に各競技の応援に行くほかは基本的にオフシーズンである。

オフシーズンとなって活動のない日々が続き、秀樹の悶々とした気持ちは消えることがなかった。

「応援部の吹奏楽団に入ったのは間違いではなかったのか」「やはりリーダーに入るべきだったのか」「しかし今さらリーダーに移ることもできない」「もっと早稲田を満喫するのであれば、早稲田精神昂揚会や雄弁会などという手もあるのではないか」

そんな思いが日増しに強くなっていった。今からでもそういった部に入って、やり直すことでもいいのではないかと思うようになった。そのため、部の活動に欠席することが増えていった。「もう応援部は辞めようか」とすら思い始めていた。

その結果、三月の春合宿は不参加。四月のシーズンが始まってもしばらくは部の活動に参加しない日々が続いていた。

そんなある日、小森さんに飲みに連れていかれた。

「お前よう、あれほど応援部が好きだったのに辞めるのかい」

「いえ、まだわかりません」

「新人賞獲れなかったからかい。だったらおかしいぜ。賞獲るために一年頑張ってきたわけじゃないだろ。賞なんかなくったって自分で頑張れたと思えばそれでいいじゃないか」

正論である。秀樹はたたき直されるために横っ面をぶん殴られたような気がした。

「そうだ、自分は物事の本質を見誤っていた」

そのことに気づかされ、素直に思いを改めた。

「賞を獲るためなんかじゃない、立派な早稲田の男になることこそが目指していたことじゃなかったのか」

小森さんの一言で目が覚め、気持ちも新たに応援部を続けることにした。応援部の活動を休みがちだったのに、部員のみんなは何事もなかったかのごとく暖かく迎えてくれたのは大きな救いだった。

第四章

早稲田大学二・三年生

1　早稲田大学遠州人会

すでに新学期が始まり、新人もたくさん入部していた。これから、二年生として、この新人たちと部をつくっていくんだ、という新たな目標ができた。

二年生としての初仕事は、新人を飲みに連れていくことだった。一年前、さんざん飲まされて石塚荘に担ぎ込まれたことを秀樹は思い出していた。

石塚荘に住んでいた小中高同級生の桜井君は、すでに引っ越していた。応援部の巣窟のような石塚荘では、およそ勉学どころではなかったからであろう。桜井君がいなくなったことも重なり、秀樹は石塚荘にあまり足が向かなくなっていた。もちろん、退部しようかという迷いがあったことも心理的に作用している。

応援部では、上級生・下級生が一緒に飲食をした場合には、必ず上級生が飲食代金を支払うのが伝統となっていた。吹奏楽団も同じだった。

下級生は、勘定のときになると、店の外に出て、先輩が支払うのを待っている。支払いが終わった先輩が出てくると「どうもごっつぁんでした～」と声を揃えて大きな声で言う。すかさず先輩が「おぅ」と返す。

秀樹は二年生になって、これをやってみた。とても気分がいい。新人は、先輩にひたすら「ごっつぁん」してもらい、その新人が翌年には二年生となり、新しい新人に「ごっつぁん」していくのだから、いちおう合理的なやり方とも言える。ただし、いい気になって新人に「ごっつぁん」ばかりしていたら、月の半ばくらいにはもう金がなくなる。

当時は携帯電話のような便利なものはない。公衆電話から田舎へ「仕送りしてくれ」という電話を入れることになる。高田馬場駅前には公衆電話ボックスが一〇台以上も並んでいた。残りがわずか数枚となった十円玉を握りしめ、電話の順番を待つこともしばしばだったという。

あるいは、高田馬場駅から、西武新宿線中井の下宿まで、金がなくて線路を歩いたこともあった。もっとも、金がなくて歩いたことよりも、飲み続けて終電がなくなったために歩いた回数の方が多いかもしれないと秀樹は振り返る。

金がなくても後輩に「ごっつぁんする」というのは、一年先輩の石澤さんに学んだことだった。後輩にはかき揚げ天うどんをごっつぁんし、自分はライスの上にチクワ揚げを載せただけのものを食べていた姿が、ずっと秀樹の脳裏に焼きついていた。石澤先輩はまさに「ごっつぁん」の鏡であった。

自動車部器材トラック。これで神宮球場へ楽器を運んだ。右端が秀樹。
（吹奏楽団練習場前にて。1975年５月）

こうして、二年生の新学期は、一年前を再現するかのごとく毎日飲み歩いた。本職のラッパの方も、後輩が入ってきてそれが刺激となり、少しは戦力になりつつあった。いつまでも下手くそでは、後輩に示しがつかないからだ。

また、一年間兵隊として頑張ってきた「器材」は、二年生として「器材当番」を任されるようになり、上級生としての自覚も芽生え始めた。

自分一人で成長するのではない、部員みんなで成長していくのだ、という思いも湧き上がってきた。「部員昇格」して上級生になるというのはこういうことだったのだ、と教えられた思いだった。

二年生になって、新たな出会いもあった。地元遠州出身の学生たちだった。

応援部による夏の演奏旅行は、各地方の学生稲門会《とうもんかい》の主催だった。応援部幹部にとって、自分の出身地で演奏会が開催されれば、まさに「故郷に錦を飾る」こととなる晴れの舞台だ。

石塚荘住人の掛川西高校出身の鈴木先輩は、自分が幹部になったらぜひとも故郷遠州で演奏会を開催したいと切望していた。しかし、遠州には学生稲門会がなかった。それでは演奏会が開催できない。応援部の演奏会とは言っても、主催は応援部ではないからだ。

そこで鈴木先輩が考えたのは、遠州出身者による学生稲門会の結成だった。その学生稲門会主催で、故郷遠州で演奏会を開催してもらおうと考えたのである。

鈴木先輩に好都合だったのは、学部の同じクラスに遠州出身者が三人いたことだった。そのうち一人は、磐田南高校出身、応援部の永井先輩だった。その三人に相談して、「早稲田大学遠州人会」が結成されることになった。

創立記念コンパが一九七四（昭和四九）年一一月三〇日に行われた。場所は大隈通り商店街「金城庵」の向かいにあった中華料理「芳葉」だった。五人が参加した。

しかし、秀樹はこのコンパには参加しなかった。応援部を続けていくかどうか迷っていた時期だったからである。また、設立の意味もよくわかっていなかった。

二年生になった五月一〇日、第二回コンパが開催された。秀樹は応援部を続けていこうと思い直したこともあり、また、故郷遠州で演奏会が開催されるならばそんな嬉しいことはないという思いで参加することにした。場所は一年前新人として先輩たちに酔い潰された、あの「ニュー浅草」だった。

当日、参加してみて顧問の先生方の豪華な顔ぶれに驚いた。当時教育学部長だった大杉徴《あきら》先生、サッカーでその名を世界に轟《とどろ》かせた堀江忠男政経学部教授などなど。

このコンパには、なんと二六名もの学生が参加し、大いに盛り上がった。その中に、同じ磐田南高校出身の大村真也君がいた。秀樹は、それまで付き合いのなかったのが信じられないほど親しくなった。高校時代は彼が一年先輩、早稲田では同級生だった。

この大村君をはじめとした遠州の人間たちとの出会いが、それからの秀樹の人生において大きなウエイトを占めるようになるのだが、本人はまだ気づくはずもなかった。

遠州人会の学生たちとの出会いは、早稲田での秀樹の生活を一変させた。日頃の基本的な生活基盤が応援部であるとするならば、秀樹の心にもう一つの拠り所ができたようなものだった。

何より、東京のど真ん中で「遠州弁」で話せる。これは大きな安心感であるとともに、快感ですらあった。

「おらぁさぁ、今日の授業、遅れるかもしれんと焦って、馬場から早稲田までちゃっととんでったたにぃ」

「そりゃ、大変だったらぁ」

「そうだにぃ」

「ふんで、間に合っただか」

遠州人たちと早稲田で過ごす時間は、とても濃密で何にも代えがたいものになっていった。秀樹の学生生活を彩る大きな要素であった。

その頃は早慶戦のたび、応援の席取りのために前夜から泊まり込みする連中が出現したものである。現在、泊まり込みは禁止されているが、当時はまだ許されていた時代だった。応援部の下級生は、交代で朝の試合開始まで、その泊まり込みを監視する役割も担っていた。

神宮球場の学生内野席入り口には、前日から泊まり込みの学生がやってくる。それぞれレジャーシートを持ち込んだり、中には鍋まで持参しているグループもあった。翌日の試合開始までエンドレスの宴会をやっているサークルや県人会も珍しくなかった。

その中でひときわ目を引くグループがあった。早稲田大学大阪学生会だった。一〇人ほどが、前日の夕方から一昼夜ぶっ通しで宴会を張り、演芸会をやっているのである。学生が交代で芸を披露していくのだが、「さすが大阪」と思わせた。各人のその芸も素晴らしく、しかも延々とそれを朝までやっているのを目の当たりにして、秀樹は度肝を抜かれた。

その大阪学生会の中で中心だったのが、同級生の木場康文君だった。関西弁で「おもろい奴」という言い方があるが、この木場君は掛け値なしに「おもろい奴」だったという。遠州と大阪は気が合ったのか、遠州人会メンバーと大阪学生会メンバーは自然と仲良くなった。

彼が住んでいたのは、文学部キャンパスから学習院短大にほど近い「本間荘」だった。そこは、野方の石塚荘が応援部の巣窟だったのと同様、大阪学生会の巣窟だった。通称「本間マンション」と呼ばれていた。実際には「マンション」などと呼ぶには程遠い下宿屋で、四畳半の部屋が廊下に沿っていくつも並んでいた。しかも廊下に面しているのがガラス障子戸。プライバシーなど全く配慮されていない、今では想像もつかないような内装だった。

この下宿屋には、大阪学生会の学生が、代々何名か住んでいた。誰かが卒業すると、その部屋には下級生が引っ越してくるのである。二年生の後半になると、秀樹はこの本間マンションに入り浸ることになる。

本間マンションでは、ただ歌を歌い、ただ酒を飲んでいたのではない。全国から集まってきていたそれぞれの地方学生会の学生が、本間マンションに毎晩集い、大阪弁・遠州弁・岡山弁など各地の方言が入り乱れての討論の場となるのであった。口角泡を飛ばして、明日の早稲田を、天下国家を論じていたのである。

すでに学生運動は下火になってはいたが、期末試験は「学費値上げ反対闘争」で毎回中止になっていたし、教室には革マル派や中革派の学生がやってきては演説をしていた。そのような日常の中で、ノンポリ（学生運動無関心派）はノンポリらしく、酒を車座の真ん中に置き、それっぽい論争をしていたのであった。もちろん歌も歌った。

巷《ちまた》には南こうせつが歌う「神田川」や、かまやつひろしの「我が良き友よ」が流れていたが、まさにその歌詞のままの世界であった。下宿に集って酒を一杯ひっかけながら語るのが当然という生活だった。

秀樹は応援部だから学生服は当然のことだが、学生県人会のメンバーも皆、一年中、学生服だった。履物は当然下駄だった。朴歯《ほうば》を鳴らして授業に出る。一年三六五日、下駄の生活だった。まさに「下駄を鳴らして奴がくる」を地で行く生活だった。

「バンカラ早稲田」を絵に描いたような光景。酔っぱらうと、時には誰言うともなく「本間マンションは早稲田の梁山泊《りょうざんぱく》（豪傑の集まる所）なり！」との声が聞こえてきた。

このような学生たちとの付き合いは、まだ幼稚だった秀樹の精神的な成長を促してくれたようである。彼らは皆、いろいろな本を実によく読んでいた。芸達者なだけでなく、とても教養があった。それに引き替え、何も読んでいない自分を、秀樹はとても恥ずかしく思った。

旧制第三高等学校（現、京都大学）の寮歌に与謝野鉄幹作詞の「人を恋ふる歌」がある。その一節、「友を選ばば書を読みて　六分の侠気四分の熱」を実感させてくれるような交わりだった。「田舎のお坊ちゃん」は、全国から早稲田に集《つど》った友人たちのおかげで大人への階段を上《のぼ》りつつあった。

その交わりの中で、秀樹と特別に親しくなったのが、大阪の木場君と遠州の大村君だった。

秀樹の人物評に従えば、小説『人生劇場』作中の人物で、青成瓢吉《あおなりひょうきち》を秀樹だとすれば、親分肌の大村君は夏村大蔵、木場君は黒馬先生だろうという。しかし、おそらく本人はそれぞれが「自分こそが青成だ」と思っているだろう。いずれにせよ、それくらい個性も違ったが、妙に気が合った。

この三人は、このののち「早稲田大学吉永小百合を思慕する会」においても深く交わることとなる。

応援部での生活も「順風」とは言えないまでも、何とか二年生としての活動をこなしていた。

遠州人会メンバーとの付き合いにおいても、「青島は応援部だ」という目で見られていたので、余計に「しっかりしなくてはいけない」という思いに至っていた。付き合いが人を成長させてくれる、ということであろう。

二年生のときの吹奏楽団定期演奏会の部員紹介。秀樹については次のように記されている。

「彼は俗に言う早稲田至上主義者であり、学生服や角帽を常に着用して登校するのです。彼こそ真のワセダマンなのかもしれません」

新人のときの部員紹介とそれほど文は変わっていない。ただ、「早稲田が好き」ということが、「早稲田至上主義」という風にとられたことに、秀樹は今でも違和感を覚えている。この部員紹介の一文が、そののち、「早稲田至上主義ではない。ただ早稲田が好きなだけ、早稲田をひけらかすことでもない」という、人生の指針につながっていくこととなる。

本間マンションでは、「人生劇場・口上」も議論に上がった。そこで話題になったのは、

「口上はいろいろある」ということだった。

しかも「人生劇場」だけではない。「人生劇場」が第二校歌なら、「早稲田野人の歌」は第三校歌、しかもこの「早稲田野人の歌」にも「口上」があるということがわかった。

「風紀名門の子女に恋するを純粋の愛とは誰が言う……」というものである。

「早稲田野人の歌」にはいろいろな「口上」があり、その中に、「逢うは別れの始めとか、サヨナラだけが人生だ」というくだりもあった。

この有名なフレーズは、井伏鱒二が、晩唐（九世紀）の詩人、于武陵《うぶりょう》の漢詩『勧酒《かんしゅ》』を意訳したものの一部である。

「この盃を受けてくれ　どうぞなみなみつがせておくれ　花に嵐のたとえもあるぞ　さよならだけが人生だ」

元の漢詩は、「勧君金屈巵《きんくっし》　満酌不須辞　花発多風雨　人生足別離」（君に勧む金屈巵満酌辞するを須《もち》いず　花発《ひら》けば風雨多く　人生別離足《おお》し）である。

当時のリーダー幹部は「人生劇場」の「口上」に、この「逢うは別れの始めとか……」を入れていた。

秀樹は基本的に楽観主義者であるし、「早稲田野人の歌」の「口上」の一部であるという思いもあったので、この悲観的な一文は「口上」に入れたくなかった。そんな思いも本間マンションで語った記憶がある。

のちのち「青島流」として確立した「口上」に、結果としてこの一文は入れなかった。

現在の早稲田大学応援部、リーダー幹部が語る「人生劇場・口上」は、基本的には「青島流」そのものであるが、なぜかこの「逢うは別れの始めとか」が入っている。その部分だけは元に戻ったということになる。

これは、早稲田大学第十四代総長奥島孝康先生が、「人生劇場・口上」を十八番とされ、全国各地で「奥島流口上」を披露されており、この「逢うは別れの始めとか」を入れておられるので、その影響があるのかもしれない。

二〇一五（平成二七）年八月二六日、浜松市のアクトシティ浜松で早稲田大学応援部による「早稲田大学浜松演奏会」が開催された。秀樹が毎回実行委員長を務める演奏会である。そのステージでも「人生劇場・口上」が、時のリーダー幹部菊池航大君によって語られた。

演奏会終了後の「打ち上げ」で、秀樹は向かい側に座った菊池君に語った。

「『逢うは別れの始めとか、サヨナラだけが人生だ』は入れない方がいいんじゃないか」

「青島さん、実は僕もそう思います。たかだか二十歳ちょっとの若者が、人生を知ったかのように語るのは違和感があります」

「いや、そうではなくて『サヨナラだけが人生だ』なんて悲観的なことを言わなくてもいいんじゃないかということなんだよ」

「おお、そうなんですね」

「人生を『出会い』と見るか『別れ』と見るかのとらえ方の違いだと思うよ」

これこそが楽観主義者の考え方の最たるものであろう。

「人生劇場」の「口上」は、四番に至るまでストーリーがあり、四番では「人生劇場いざ序幕」するのである。そこに唐突に「サヨナラだけが人生だ」はないだろう、とも秀樹は思う。

菊池君には、「『人生劇場・口上』には、これでなければいけないというものはないのだから、菊池流の『口上』を語ればいいんだよ」と申し添えた。語る者が自由に語る、それこそが口上の極意である。

本間マンションでの、「口上」論議をしていた時には、他にもいろいろな考えが浮かんできた。早稲田大学第三校歌「早稲田野人の歌」の「口上」もミックスすれば、もっと面白いものもつくれる、また、「人生劇場」の小説の中からまだまだ台詞《せりふ》が活用できるのではないかと秀樹は思ったりもした。

当時の「人生劇場・口上」は、応援部バージョンが、「昨日も聞いた今日も見た　早稲田の杜《もり》に青成瓢吉が出るという　尾崎士郎原作『人生劇場』より」から始まる形だった。他のサークルなどで語られていたものは、この部分をはしょり、次の「あゝ歓楽は女の命にして　虚栄は女の真情であります」の部分から始まる、短い「口上」が多かった。応援部以外のサークルなどでは、「口上」の詞章を覚えきれないので、短いバージョンにしていたのだろう。

しかし、秀樹としては、どちらも何か「唐突に」いきなり語りだしてしまっている印象が拭えなかった。「この前段があるだろう」という思いである。その観点から、「早稲田の杜が芽吹く頃……」の、現行バージョン「口上」前部分を被せることになっていくのである。

そんな思いも本間マンションで語った。何しろ、応援部内では、まだ吹奏楽団の下級生である秀樹が「人生劇場」の「口上」を研究している、などとは間違っても口に出しては言えなかった。そもそも「研究してどうなる」ということは何も考えていなかった。将来、リーダー幹部のように、応援部を代表して人前で「口上」を披露する日が来ようなどとは、かけらも思うことはなかった。

二番に続く「口上」の中で詠ずる「わが胸の燃ゆる思いに比ぶれば　煙は薄し桜島山」

のくだり。応援部リーダー幹部は、この節回しを朗詠のような調子で語っていた。それはそれでいいと思ったが、どうも迫力がない。抑揚の少ない上品な朗詠調で歌ってみても、新海一八《しんかいいっぱち》の熱い思いとは程遠い。

「詠ずる」のであれば、詩吟調の方がふさわしいし、迫力もあるのではないかと思い、詩吟の節回しで吟じてみたりもした。

しかし、詩吟調では、どうもしっくりこなかった。そもそも「人生劇場」という歌謡曲を歌っている一番と二番の間で詠ずるのである。そこに詩吟的なものをはさむと、違和感が否めないし、また「燃える思い」も伝わってはこなかった。

やはり朗詠調が一番しっくりくるという思いを強くした。その節回しを基にして、熱き思いを込めればいいのではないか。これが、今に至る「青島流口上」の礎となっている。

2　遠州人会の活動

大学二年の一一月一〇日には、遠州人会の幹事交代が行われ、第二代幹事長に大村君が選ばれた。秀樹は幹事二名のうちの一人となった。これにより、秀樹自身の遠州人会での活動に拍車がかかることとなる。

吹奏楽団の練習は、週二回。火曜日と金曜日の夕方だった。シーズン中の週末は六大学野球の応援があるうえに、部としてのさまざまなアルバイトや体育各部への応援などが入るので、応援部の活動自体がとても忙しい。その合間を縫って、遠州人会の集まりに顔を出すようになった。待ち合わせ場所にしていたのは、その当時、第二学生会館にあった喫茶「エース」と、十五号館のラウンジだった。

一二月に行われた応援部の年次納会では、あの石塚荘の鈴木重樹先輩が次年度の応援部代表委員主将に選出された。遠州人会を結成した動機には、「鈴木先輩に、故郷遠州で早稲田応援部の演奏会を開催して錦を飾らせてあげたい」との思いがあったからだが、まさにその甲斐がある人選となったわけである。遠州人会メンバーは、いよいよ「早稲田大学浜松演奏会」を開催する「そのとき」が来たという思いを強くした。

早稲田大学の象徴である応援部を、故郷遠州の地に招くことができる。浜松駅前に、あの早稲田大学校旗が翻り、市民の皆さんに「早稲田大学校歌」を披露できるのである。そんなことを想像しただけで、秀樹は胸が熱くなる思いだった。

鈴木先輩個人に対する「錦を飾らせてあげたい」という思いもさることながら、むしろ「故郷遠州に早稲田を紹介するのだ」という熱い思いに全員が一丸となっていた。

今、秀樹はそのことを振り返り、

「そのように思えた時点で、『立派な男になるために早稲田へ行くのだ』という早稲田入学の動機の大概は達成されていたのだと思う」

と述懐する。もちろんそれは「立派な男」としての実績という意味ではなくて、その純粋な心、精神性を指してのことであろう。

秀樹自身は、今でも「早稲田の人間として後ろ指を指されない人間になりたい」と思ってそのために努力している。まだまだ「立派な男」にはなりきっていない、というのが実感のはず。しかし、「動機の大概」は達成されたのかもしれない。

3　早稲田大学浜松演奏会

「早稲田大学浜松演奏会」は、このとき初めてその開催が企図されたのだが、その後、遠州人会により一九八七（昭和六二）年までの間に計六回開催されることとなる。ところが、平成の時代になり、学生稲門会というものが衰退していく中で、応援部による演奏旅行も行われなくなり、それに合わせるかのように遠州人会も自然消滅してしまった。

時間はかなり飛ぶことになるが、応援部による地方での演奏会がどれほど素晴らしいものかを知っている秀樹は、遠州人会消滅後、何とかこの演奏会を浜松で復活したいと考えた。早稲田を卒業して何年も経った平成の時代になってからの話である。

一九七九（昭和五四）年に結成された早稲田大学校友会組織「遠州稲門会」では、設立以来、秀樹が会の主要なメンバーの一人となっていた。学生稲門会での開催が無理なら、校友会組織である遠州稲門会による開催はできないかと秀樹は思い始めた。

ただし、演奏会という催しはそう簡単にやれるものではない。当時の学生会が、何人ものメンバーで一年以上かけて準備し、開催したイベントである。それを、地方稲門会組織で行うことができるのであろうか。できない理由の方が多い。何よりも、それを実現できる組織と人材がなくてはならない。さらに、そのようなイベントを開催できるだけの経験的基盤がその会になければいけない。

そのためというわけではないが、一九九九（平成一一）年から遠州稲門会主催による「早稲田フェスタ.in遠州」という大括りのイベントが開催され、その初代実行委員長に秀樹が就任した。当時の遠州稲門会荒田忠典会長から、「『遠州稲門会設立二十年』を記念して、何か行事ができないか」と打診されたので、それまで貯めこんでいたアイディアを実現できるいい機会だと思ったのである。

荒田会長のお墨付きをもらって、「早稲田フェスタin遠州」の企画はスタートした。早稲田大学の持っている学術・芸術・スポーツなどを、広く地域の皆様に紹介しようという趣旨の催しである。その企画内容は幅広く、およそ考えつくものは何でもやってしまおうという、いかにも「やらまいか」の遠州らしい、また秀樹らしいイベント案だった。

若手の校友に実行委員になってもらい、各自自分の得意な分野でのイベント案を出してもらった。案を出した人間には、そのままそのイベントの責任者になってもらうこととした。「サッカー大会を、子供たちの憧れのヤマハスタジアムでやりましょう」「佐々木幸綱先生による短歌教室、短歌コンクールなんかどうですか」「早稲田野球部による野球教室は」などなど、すべて採用となった。

通常の校友会組織は、校友同士の親睦が第一の目的である。そういう常識ではまず考えられないようなイベントだった。

遠州稲門会の内部では、果たしてそんなイベントが本当にできるのか心配する声もあった。稲門会内部でさえそんな具合である中、一九九八（平成一〇）年に、フェスタの企画書を秀樹がつくり、地元のS新聞社に協賛依頼を持っていったが、全く相手にされなかった。S新聞社が企画の中身について理解できなかったのは無理もない。そんな壮大なイベントを、たかだか地方の大学校友会組織がやれるなどとは思えなかったであろう。

まさかそののち、二〇一七（平成二九）年に至るまで一九年連続で開催することになるとは。今では、当たり前のように遠州稲門会主催「早稲田フェスタin遠州」が開催されているが、「その現状と比べると、まるで隔世の感がある」というのが、秀樹自身の感懐である。

「早稲田フェスタin遠州」。初年度の一九九九（平成一一）年は、「早稲田野球教室」や「早稲田サッカー教室」「子供一日博士体験」などを開催した。一人でも多くの「早稲田ファン」を子供たちの中に作りたい、という思いから、イベント参加の対象者は必然的に子供たちになった。

また「子供たちの夢を実現してあげたい」という思いから、野球教室の講師は、早稲田大学野球部野村徹監督（当時）と現役早稲田大学野球部員に依頼し、会場には浜松球場を用意した。

サッカー教室の講師は「世界の釜本」釜本邦茂さん、会場はサッカー少年の憧れの地ヤマハスタジアム。このとき参加してくれた子供たちの輝くような笑顔を、秀樹は「今でも忘れることができない」という。

引き続き、翌二〇〇〇（平成一二）年には第二回を開催し、このときは「早稲田大学図書館蔵展」「短歌講座」「短歌コンクール」「サッカー教室」「こどもパソコン教室」と、そのイベントの幅を広げることとなる。

以来一九年の間に「早稲田フェスタin遠州」として開催したイベントは、「エクステンションビジネス講座」「バスケットボール教室」「サテライト講座」「作文コンクール」「ヨット教室」「俳句教室」「松井栄造展」「大西鐵之祐展」「人間国宝　野村万作の世界」「杉原千畝展」などなど。その多彩さに驚かされる。

このように、会としての基盤づくりから取り組んでいき、「早稲田フェスタin遠州」イベントの一つとして「早稲田大学浜松演奏会」を初めて開催できたのは、二〇〇三（平成一五）年のことだった。

その年の七月三〇日、そのイベントの一環として演奏会が復活した。学生会である遠州人会が最後に開催してから一六年の歳月が流れていた。会場はアクトシティ浜松・中ホール。

「早稲田フェスタin遠州」の実行委員長として、また「早稲田大学浜松演奏会」の実行委員長として、秀樹は全身全霊をこのイベントのために捧げた。一六年ぶりに浜松の地に早稲田大学校旗が翻った姿を見て、感激の思いはひとしおだった。

「自分を育ててくれた早稲田大学へ、ほんの少しでも恩返しができたのではないか」との思いも込み上げてきた。大学二年生で「演奏会をやろう」と思い立ったときの熱き思いと少しも変わることはなかった。

このときの演奏会で秀樹が驚いたのは、現役部員の中に遠州出身者がいたことだった。浜松北高校出身のリーダー二年、伊藤豪君である。

早稲田大学応援部の場合、校歌・応援歌紹介ステージなどでは、その進行・司会は普通三年生部員が行うのが通例だが、このときは先輩たちの配慮により、地元出身ということで、まだ二年生の伊藤君が務めることになった。伊藤君にとっては、まさに晴れ舞台である。どれだけ嬉しかったか想像に難くない。

このとき、秀樹は伊藤君に約束をした。「伊藤君が幹部になった二年後にも必ず浜松演奏会を開催してあげよう」と。

この復活「早稲田大学浜松演奏会」は、早稲田大学校友のみならず、地域の住民にも大好評だった。多くの高校からも、「早稲田大学応援部のパフォーマンスは、見本としてとても参考になるので、ぜひ来年もやってほしい」という声が多数寄せられた。

また応援部員からも好評だった。好評の理由は、早稲田大学応援部の年間スケジュールの中で、「早稲田大学浜松演奏会」のような、「第一部 吹奏楽団、第二部 チアリーダーズ、第三部 校歌・応援歌紹介」という応援部として三位一体のステージは他になかったからだ。

そのような好評の声を受けて、伊藤君の幹部昇格を待つまでもなく、翌年にも、演奏会を開催することを秀樹は決意する。

ただし、初年度に演奏会を開催してみてわかったことは、その開催経費の膨大さであった。応援部のリーダー、吹奏楽団、チアリーダーズの部員一五〇名余りを浜松まで移動させる交通費、宿泊費など、わずかなチケット収入ではとても賄《まかな》えるものでなかった。

そこで秀樹は一計を案じた。応援部夏合宿を遠州に誘致し、その合宿期間中に浜松で演奏会を開催してしまおうというプランだった。ただし、その案を実現するためには、一五〇名余りが十日間ほど宿泊でき、体育館や室内練習場など練習環境の整った場所を探すことから始めなければならない。これが大変な難題。費用の面もあるが、応援部が合宿できそうな施設はなかなか見つからなかったのである。

施設探しに何か月もかかり、最終的に選んだのは磐田郡豊岡村（現、磐田市）にあった「豊岡総合センター　豊岡荘」という半官半民の宿泊施設だった。

ここには、豊岡村の好意により十日間専用で使える体育館、吹奏楽団が大きな音を存分に出すことができる室内練習場があった。そして何より、リーダーの練習に最適な運動場や、自然のままのアップダウンのある山路などがあった。そのおかげで、「演奏会を開催するための夏合宿」が実現したのである。

当時の豊岡村村長は、稲門の先輩である鶴田春男さんだった。鶴田先輩はこれが縁となって、稲門会活動に積極的に参加されるようになり、そののち事業委員長、現在では副会長のうちの一人である。

このようにして、復活「早稲田大学浜松演奏会」の第二回目は二〇〇四（平成一六）年八月八日に開催できることになった。ちょうど夏合宿の折り返し中日《なかび》に当たる日だ。会場は前年と同じアクトシティ浜松・中ホール。

当日、ステージ上には、夏合宿で一段と逞《たくま》しくなった部員たちの姿があった。会場ホールは満席の賑わい。多くの高校生も詰めかけていた。

その客席最前列に、浜松商業高校二年生の山本遼太郎君がいた。伝統ある浜松商業の応援団員だった山本君は、先輩たちに連れられて、早稲田の応援を見に来たのだった。

山本君は、目の前で繰り広げられる早稲田大学応援部のパフォーマンスに圧倒されるような衝撃を受けたという。終演後、ホールを出る時には「早稲田へ進学したい、そして応援部に入部したい」という強烈な思いにかられていた。

それは、秀樹が、中学二年生のときに長兄の早稲田大学入学式で「自分も早稲田へ入学したい」と思ったのと同じ思いである。若き心に芽生えた志の高揚感。同様の心理的化学反応が山本君の身の上にも起こったのである。

しかし、商業高校から日本最難関私学の早稲田大学へ入学するのは容易なことではない。どうしたらいいのか、山本君は自問自答した。

「到底一般入試では無理だ」

「自己推薦入試にチャレンジするほかない」

幸いにも、山本君は、伝統ある浜松商業高校の生徒会長だった。自己推薦のアピールのためだけではないが、伝統ある学校の中でさまざまな改革を行い、それによって学校の歴史に名を残すまでになった。

その実績をひっさげて、彼は早稲田大学教育学部の自己推薦入試に臨んだ。面接で生徒会長としての活躍を存分にアピールし、見事合格。青春の志を現実のものとした。見事と言うほかない。

そして、山本君も、秀樹と同じく早稲田大学入式の日に応援部へ入部した。まるで「青島二世」のような歩みではないか。

話は少し戻る。二〇〇五（平成一七）年八月一四日、三年連続となる「早稲田大学浜松演奏会」が、引き続き青島実行委員長のもと、アクトシティ浜松・中ホールで開催された。

二年前、秀樹が伊藤豪君に約束した演奏会だった。「鈴木重樹先輩に故郷で錦を飾らせてあげよう」と思って始めた演奏会から三〇年ほど経っていた。

三〇年前に鈴木先輩がステージに立ったのと同じように、ステージ中心には伊藤君が立っていた。しかも、伊藤君はその年の早稲田大学応援部代表委員主将になっていた。伊藤君が主将にまでなったのは、秀樹にも思いがけないことであったが、主将になるまで本人が努力できたのは、「浜松演奏会」が目標としてあったのかもしれない。秀樹は自身の労苦が報われた思いがこみ上げてきた。

この後、「早稲田大学浜松演奏会」は、二〇〇七（平成一九）年八月一二日に、復活四回目を開催。

経費やスケジュールの面において、稲門会で演奏会を開催することは相当に困難なことである。しかし、「何としても定期的に浜松で応援部の演奏会を開催したい」という秀樹の熱い思いが実現に結びつけた。

前年に早稲田大学へ入学した山本遼太郎君は、リーダー一年生部員として、故郷浜松のステージに立った。そして、以前伊藤君がそうであったように、山本君もまた先輩たちの配慮によって、進行・司会の大役を果たしたのである。

このときの山本君の姿は、秀樹にも感無量の思いだった。

それまで早稲田などとは無縁だった高校生が、秀樹が企画、そして開催した演奏会によって志を立て、実行し、今まさに早稲田大学応援部員としてステージに立っている。幻ではない。現実である。

「早稲田フェスタin遠州」を、そしてそのイベントの一つである「早稲田大学浜松演奏会」を開催することによって、それに参加してくれた子供たちの中から、将来「自分はあのときに早稲田に接したことによって早稲田に進学しました」と言ってくれる子供が一人でもいてくれたら、という思いが、秀樹には最初からあった。その夢が見事に花開いた瞬間だった。それも、単に早稲田へ進学してくれたのではなく、早稲田を象徴する存在の応援部に入部してくれたのだ。目頭が熱くなった。こみ上げる涙は抑えきれない。秀樹は人知れず泣いていた。

秀樹は、伊藤君のときと同じようにまた山本君に約束をした。

「山本君が四年生になった時には必ず『浜松演奏会』を開催してあげよう」

そののち山本君は精進を重ね、幹部の年の二〇〇九（平成二一）年には、その年の応援部代表委員主将に選出された。やはり伊藤君のときと同じように、「浜松演奏会」で故郷に錦を飾る、ということが目標にあって、それが励みになったのかもしれない。

秀樹は、山本君との約束どおり、同じ年の一二月二三日、その年の「早稲田大学浜松演奏会」をアクトシティ浜松・中ホールで開催し、山本君をステージの中央に立たせる配慮をした。さらに、事前の宣伝では「浜松商業高校出身　早稲田大学応援部代表委員主将山本遼太郎」と新聞に大々的に紹介し、チラシにもうたい、山本君の姿を前面に出すことにした。徹底した「故郷に錦」作戦であった。山本君の熱い思いに報いたかったからである。

のちのち、秀樹は山本君から「あのときの新聞は山本家の家宝になっています」と感謝されることになる。

ここまででもすでに十分に感動的な、「伝説のような」話であるが、これにはまだ続きがある。

山本君が主将としてアクトシティ浜松・中ホールに立ったその二〇〇九年のステージ、観客の一人として客席にいたのが中谷篤人君である。中谷君は、当時掛川西高校の二年生。伝統ある掛西応援指導部の一員として、「早稲田大学浜松演奏会」に来ていたのだ。

中谷君も、五年前の山本君同様、早稲田大学応援部のパフォーマンスに圧倒された。それまで国立大学志望だったのを、早稲田に切り替えた。どうしても「早稲田に入りたい、応援部に入部したい」と思ったそうである。

しかし、国立大学向けの勉強をしていた彼は、現役では早稲田に合格できなかった。「浪人してでも」の熱い思いが実を結び、見事、二〇一二（平成二四）年に早稲田大学創造理工学部に合格。入学と同時に応援部に入部した。努力の末、同期リーダー八名の中から、平成二七年度早稲田大学応援部代表委員主将に選出された。

秀樹は、浜松演奏会開催の約束を中谷君とも交わしていた。主将に選出される前のことである。そのステージは、二〇一五（平成二七）年八月二六日にアクトシティ浜松・中ホールで開催された。もちろん、秀樹による渾身の奮闘努力の結実である。山本君が主将としてステージに立っていた日から数えて、六年目のことであった。

この年に至るまで計六回の「早稲田大学浜松演奏会」が開催され、そのすべてにおいて秀樹は実行委員長を務めている。秀樹が「演奏会をやろう」と言い出さない限り、他に言い出す人間はいないし、それを実現できる人物もいないであろう。

応援部とのスケジュール調整から始まり、会場であるアクトシティのホールの確保、チケットの準備、プログラムの作成、バスの手配、照明の打ち合わせ、果ては当日の弁当の手配に至るまで、気の遠くなるような準備のほとんどを、毎回秀樹一人でこなしている。

もちろん遠州稲門会の組織的な強いバックアップがあり、それがなくては実現できないことではある。それも含めて秀樹の功績は甚大である。

しかし、秀樹はなぜそこまでして演奏会を実現しようとするのか。

「その理由はただ一つ。早稲田に対する熱い思いだ」と本人は打ち明ける。

母校愛というけれど、早稲田の場合、その濃度が他校とは比較にならない。早稲田愛、早稲田精神、早稲田民族主義、野党精神……。さまざまに表現される早稲田の心。秀樹の場合、そのどれに当てはまるのか。一つ言えることは純粋な情熱であること。だからこそ、その心が時人を動かすのであろう。

いずれにせよ、その熱い思いが、高校生だった山本君、中谷君の人生まで変えてしまったことになり、早稲田大学応援部に山本主将、中谷主将を生み出したことになる。

かつて秀樹自身がたどった「早稲田の道」を後輩がたどっている。「早稲田の道は世界に通ず」。いや、「世界の道は早稲田に通ず」が正しいらしい。秀樹は遠州の後輩に世界への道を開いたことになろう。

彼らは揃って応援部に入った。応援部はそれほどまでに「早稲田の象徴」なのである。

二〇一五年のステージを見に来た高校生の中から、山本・中谷両人に続く若者が現れるかもしれない。現れてほしい。秀樹の夢は広がる。「伝説」はまだまだ続くと信じたい。

4　吹奏楽団指揮者

三年生になった秀樹は、吹奏楽団の前期副指揮者、そして新人監督サブに任命された。夏合宿までの年間の前期を秀樹、後期を同期の斉藤和幸君が、それぞれ副指揮者として務めることになったのだ。その活動の過程で適性を考慮され、どちらかが翌年の指揮者となるのである。

「指揮者としての適性」とは何なのか。副指揮者に就任したばかりの秀樹にはよく理解できなかった。しかし、そのうちに思い知らされることになる。

部の費用で、板橋在住のプロの指揮者のところへ、週一回のレッスンに通うこととなった。毎回練習させられたのが、正確な「指揮」だった。腕の動きのどこが一拍目でどこが二拍目なのか、演奏者に正確に伝えられなくてはいけない。そのために、鏡を見ながら正確な二拍子、三拍子、四拍子、八分の六拍子などの腕の振りを練習するのである。

一番重要なのは「打点」だと指導された。これは、リーダーのテクにも通じることだが、空中での打点がその拍なのである。いかに正確にしかもよどみなく打点を打てるか、全く新しい物の見方だった。

腕の振り以上に難しかったのがテンポだった。楽譜に「♩=60」と記載されていたら、要するに一拍を一秒で振り続けなくてはいけないということになる。

子供の頃、時計を見ずに「一分」を当てっこする遊びをしたことがある人も多いだろう。頭の中で一秒を刻んでいき、六〇秒経ったと思ったら手を挙げるという遊びだ。これで、正確に一分を当てられる人がどれだけいるだろう。いわば、指揮者にはそれが求められていると言える。

楽譜に書かれている指示が曲の最後まで同じテンポであれば、ずっと同じリズムで正確に振り続けなければいけない。「リズム感がいい」とか「悪い」とかいったレベルの話ではない。

もしも指揮者にその能力がなくて、同じ曲なのに指揮するたびに速さが違っていたら、演奏者はとても演奏などできない。これは、プロのオーケストラでも、アマチュアの吹奏楽団でも同じことだ。

「♩=60」ではなく、「♩=80」とか「♩=120」などという楽譜での指示も当然ある。体内時計を持っている人でなければとても務まらないと思われるが、レッスンでは、それぞれの速さに設定したメトロノームの刻む音に合わせて、ひたすら腕を振り続けるのである。

これだけでも辛いが、それ以上に辛かったのは、指揮者としての音楽性のなさに気づいたこと。秀樹は呆然とする思いであった。楽器を演奏しているだけなら、「音楽理論」などそれほどわかっていなくとも演奏はできる。自分に与えられた楽譜に書かれていることが理解できればいいのだ。

しかし、指揮者ともなると、その曲のすべてを理解しなければ、演奏者に指示を出すことなどできない。音の一つ一つが和音の組み合わせである以上、和音の成り立ちを含めた「音楽理論」がわかっていることは必須の条件だった。というわけで、『音楽通論』などの専門書と格闘することになった。

また「耳」も必要だ。吹奏楽で使う管楽器は音程をとるのが難しい。最初にバンドマスターのクラリネットに「ド」の音を出させ、他の楽器にも「ド」を出させてチューニングしていくのだが、ここで「耳」がなくてはいけない。クラリネットが出している「ド」の音とトランペットのそれぞれ、あるいはトロンボーンのそれぞれがちゃんと同じ「ド」のピッチの音になっているか、瞬時に聞き分けられなければいけない。

金管楽器のチューニングは、管自体の抜き差しでピッチを高くしたり低くしたりするのだが、それを指揮者は瞬時に「高い」「低い」と指示できなければならない。演奏者なら当たり前にできることだが、指揮者はそれ以上にいい「耳」をもっていなければ、美しいハーモニーは生み出せないのである。

また、曲全体のすべての楽譜に目を通し、作曲者の意図を理解し、どんな曲に仕上げたいのか、それを演奏者に指示していかなければならない。そうでなければ、音楽にはならないのである。一癖も二癖もある上級生の演奏者に、「ここはこのように演奏してください」と指示を出すのである。音楽性に対する自信がなければとても無理なことである。

「楽器を演奏する」ことと、「音楽を奏でる」ということは、全く違うことなのだと、秀樹はそのとき初めて気がついた。二つは同義ではないのである。楽器を演奏していれば、それで「音楽になっている」と思っていた愚かさに秀樹は身が縮む思いだったという。

たとえ校歌や応援歌であっても、まず「音楽」として成り立っていなければ、学生に気持ちよく歌ってもらうことはできない。神宮球場でのエール交換の際にも、素晴らしい演奏による「早稲田大学校歌」は、相手校を圧倒することになる。

（そんなことに、なぜ今まで気がつかなかったのだろう）

また、すべての楽器の楽譜が記載されているスコア譜を見ると、今まで気がつかなかったことがいろいろと見えてきた。ホルンが、あるいはユーフォニアムが、このようなメロディーを演奏しているのかということを秀樹は初めて知った。

副指揮者に任命されたことにより、吹奏楽団としての「音楽性の追究の意味」が理解できるようになったのだから、先輩たちの周到な人事に秀樹は恐れ入る思いだった。下級生時代、吹奏楽団の上級生が「音楽性の追究」と言ってはリーダーと衝突をしていたが、そんな上級生たちに秀樹は反発の思いを抱いていた。それが人に知られ、すでに周知の事実だったのだ。

ただし、「音楽性を追究」する意味が理解できても、「応援部としての精神」をないがしろにすることは、秀樹には許せなかった。

当時、早稲田で吹奏楽をやりたい者は、早稲田大学応援部吹奏楽団に入部するしかなかった。したがって、「応援部なんか嫌だけど仕方がない」と思ってやっていた部員も数多くいたのであろう。現在、早稲田大学には「早稲田大学吹奏楽団」がある。音楽だけやりたければそちらに入部すればいいのだから、今ではそのような部員は少ないであろう。

とにかく、そんなわけで身が細る思いの副指揮者の任期だったが、いいこともあった。三年生春の早慶戦で、外野学生応援席の指揮を振らせてもらったのだ。

「紺碧の空」は曲のイントロ入りの指揮が難しい。それがうまくいき、正しいテンポでやれたことが秀樹にはとても嬉しく、自信につながった。このときの外野応援席には遠州人会メンバーもたくさん駆けつけてくれて大きな声援を送ってくれた。

試合前の応援練習から、試合が始まり実際の応援、そして試合終了後のセレモニーに至るまで、秀樹はずっと指揮者として吹奏楽団の指揮を担当した。学生応援席の最前列で吹奏楽団の指揮をするのは、リーダーが指揮台の上で指揮をするのとは全く違うことではあるが、同様の経験ができたと思えた。

何より、あの憧れの「早慶戦」を、神宮球場において実務的に支える一員になれたという実感が胸を覆い尽くし、熱いものがこみ上げる思いだった。

5　故郷に錦

三年生の春シーズンには、なお一層遠州人会メンバーとの交わりが深まっていった。その年の八月一七日に「早稲田大学浜松演奏会」を、浜松市民会館（当時）で開催することになったからである。その打ち合わせのため、必然的に顔を合わせる機会が増える。出演団体も、早稲田大学応援部と、早稲田大学ニューオルリンズジャズクラブに決まり、そのための準備が佳境に入っていた。

あの鈴木重樹先輩は、この年の早稲田大学応援部主将として「早稲田の顔」になっていた。

春休みには、メンバーが浜松に帰郷し、パンフレットの広告募集やチケットの販売が始まっていた。また、浜松市役所をスタートするパレードを実施することも決まった。

故郷の空に「早稲田大学校旗」が翻るのである。その姿を思い浮かべるだけで、秀樹の胸には高揚感が湧き上がってきた。

遠州人会メンバーとは、大学の内外で一日と開けずに頻繁に会うようになり、その仲間とさまざまな企画を実行した。

たとえば、図書館（現、會津八一記念博物館）の屋上で「大記念写真大会」と称して皆で記念撮影をしたり、新宿西口公園で深夜に「大かくれんぼ大会」を決行したり……。いかにもたわいない遊びだが、学生時代にしかできないことを数多くやっていたという。

遠州人会はこの頃すでに、京都や大阪学生会と肩を並べるほどの学生県人会組織になっていた。前述したように、応援部新人時代の早慶戦前夜、神宮球場の泊まり込みで、徹夜で演芸会をやっている大阪学生会を見て舌を巻いたものであるが、それらの県人会と伍するほどになった。大変な成長ぶりである。それもわずか一年ほどの間のことである。強烈な遠州人のパワーを感じさせる。しかも「早稲田に行って立派な男になりたい」と思っていた田舎のひ弱なお坊ちゃんが、そのパワーの中心にいる。早稲田には人間を大きく育てる何かが確かにあると、秀樹は身にしみて思う。

この年の応援部夏合宿は信州駒ヶ根だった。合宿では鈴木主将と同じ班になった。総勢一七名のこの班は、今でも秀樹の印象に残っている。

アメリカ人の留学生、テリル・ジョーンズ君が、留学生として初めて応援部吹奏楽団に入部し、四月から新人部員として頑張っていたのだが、そのテリル君と同じ班だった。

テリル君は、クラリネット奏者だったが、ただでさえ文化風習が違う日本にやってきてまだ日本語もカタコトだというのに、あろうことか応援部に入部してしまったのである。でっかい体に学生服を羽織り、「ちわー」「したー」という応援部的日常を立派にこなしていた。

秀樹は新人監督サブも兼務していたので、このテリル君のことをよく覚えている。とても素直な青年で、合宿でも新人としての仕事を懸命にこなしていた。今でも、「テリルはどうしているだろうか」と思い出すことがある。彼にとって、日本への留学、そして学生服での応援部生活はどんなだったのか聞いてみたい気持ちに駆られるという。

この班は、女子部員が少なかった。そのために、鈴木主将に「女ひでりの一班」と揶揄《やゆ》を込めて命名された。

合宿の最終日、この一班全員で肩を組んで「早稲田の栄光」を歌ったのは、なつかしい青春の一コマである。

浜松演奏会の市内パレード(1975年)

応援部による夏の演奏旅行は、この年八月一六日の静岡から始まり、一七日が浜松、一九日が福山、二二日が延岡、二三日が大分という大がかりなものだった。二四日に東京へ戻ってくるまで実に九日間、八〇名ほどの部員が行動を共にするのである。「民族の大移動」と言えば誇張にすぎようが、その裏方の準備、苦労は想像に難くない。

現在では、応援部による地方公演は、それこそ「浜松演奏会」くらいのものである。応援部地方公演の機会に早稲田に接し、早稲田へ進学したいと思った高校生は数多くいたものと思われる。早稲田が「首都圏大学」と言われて久しい。再び応援部が九州や東北、北海道にまで出かける日が来ることはあるのだろうか。

さて、いよいよ一九七六（昭和五一）年「浜松演奏会」本番。

快晴である。紺碧の夏空のもと、浜松市役所前から早稲田大学校旗を先頭にしてパレードが開始された。鈴木主将が先頭、秀樹自身はトランペット奏者としてブラスバンドの中にいた。子供の頃から見慣れた浜松の通りで、今、早稲田のパレードをしているということが夢のようだった。そしてその中に自分の姿があるということも、また信じられない思いだった。

浜松市民会館での「早稲田大学校歌・応援歌」ステージでは、先輩たちの配慮により、校歌斉唱の吹奏楽団の指揮を秀樹が担当した。全体の校歌指揮は鈴木主将である。これもまた夢のような出来事だった。

「故郷に錦を飾る」というのは、まさにこのことだった。

その正確な意味は、故郷へ「己のことを自慢するために来た」ということではなく、故郷の皆さんに「早稲田へ行って自分はこんなに成長しました、という姿を見てもらうこと」なのだと秀樹は理解した。それがわかったからこそ、今、後輩たちにも「故郷に錦を飾らせてあげたい」という思いでいるのである。

早稲田大学応援部に入部する新人たちの入部の動機は、もちろんさまざまだろう。しかし、多くの人が一番強く思っていることは、秀樹のように、「自分を成長させたい」ということではないか。下級生時代には、他の部員も同じような気持ちでいることに、秀樹は考えが及ばなかった。実は皆、「早稲田へ行って立派な男になりたい」と思っていたのだろう。そんな人間が日本各地から集まってくる。それが早稲田の最大の魅力だと秀樹は思う。

6　明治大学の攻撃

夏合宿以降、秀樹は副指揮者を降り、「六大学連盟サブ」となった。東京六大学では野球連盟と同時に応援団連盟がある。

この連盟の会議の場で、各校の応援の仕方、エール交換の方法などが打ち合わせされて、実際の神宮球場での応援に反映されるのである。

各校のリーダー、吹奏楽団の四年生から、それぞれ一名連盟常任委員が選出される。現在ではこれにチアが加わっているはず。その「部下」として、三年生からそれぞれ一名

「サブ」が選ばれるのである。

　連盟委員長は、「当番校」として各校で毎年持ち回りが慣習となっている。その年の当番校のスクールカラーが連盟バッジに反映される。学生服の詰襟、女子部員の場合は胸元に燦然と輝く、いわゆる「幹部バッジ」である。

　このバッジは、六大学応援団連盟に所属する各校応援部（応援団）の「幹部」すなわち四年生にしか与えられない。顔は知らなくとも、そのバッジを見れば「幹部」だとわかるようになっている。大学は違っても六大学の各校の四年生はこのバッジを着けている。ちなみに、二〇一四年度は早稲田が当番校だったので、バッジの色は臙脂《えんじ》だった。

「連盟会議」では各校四年生の常任委員と三年生のサブが揃って出席することになるのだが、もちろん三年生には会議での発言機会はない。しかし、この連盟会議が、物の見方を大きく変えてくれた。

　早稲田は応援部というが、慶應義塾は応援指導部、東京大学も応援部。明治大学・法政大学・立教大学は応援団である。したがって、それぞれの吹奏楽パートは、前者の「部」が「吹奏楽団」、後者の三校は「団」なので「吹奏楽部」となる。たとえば、早稲田大学応援部吹奏楽団、明治大学応援団吹奏楽部という。

　この六大学メンバーが集まると、それぞれの個性が歴然となる。その違いに秀樹は驚かされた。

明治・法政・立教は「団」なので、吹奏楽部でありながら皆長ランの、応援団を絵に描いたようなメンバーたちだった。その中では早稲田が一番普通（と思っていただけかもしれないが）、慶應はバッジも着けない低い詰襟の学生服、本当にスマートだった。

東大は、どちらかというと応援部よりも応援団的な雰囲気だった。特に東大の応援部のリーダー幹部は、現在でも神宮での応援に紋付羽織袴で登場したりする。世間の東大に対するイメージとは大きな隔たりがある。秀樹と同期の東大吹奏楽団員も、連盟サブの中では一番のアホを自認していたというから面白い。彼曰く
「勉強できるのとアタマええのは違《ちゃ》うで〜」

自らをアホだと公言している東大生に言われて、秀樹は「なるほど」と妙に納得した。

連盟会議が終わると、「幹部の方のカバン持ち」として飲み会に連れていかれるのだが、これがキツかったという。

強面《こわおもて》の明治の幹部、

「おい、お前が早稲田の今度の連盟サブか」

「はいい〜！」

「スペシャルドリンク作ってやるからよう、飲めよ〜」

コップに日本酒とビールをチャンポンにしたものの中に、テーブル上にあったソースやら醤油やらをさらに注ぎ込んだ。真っ茶色の液体ができあがった。

「おい、早稲田の気合い、っちゅうもんを見せてくれや〜」

「はいい〜！　どうもごっつぁんです！」

と言って飲み干す。これが、「リーダー」ではなくて吹奏楽のメンバーなのだから恐れ入る。

この「スペシャルドリンク」は、「うまい」とか「まずい」とか言えるような代物《しろもの》ではない。あくまでも「気合い」を見るためのものである。

三年生は幹部のおもちゃとして同席しているのだということを、秀樹は思い知らされた。

早稲田の幹部はもちろん「早稲田の気合い」を見せてくれるものと期待しているのだから、それを裏切ることもできない。

秀樹は今でも、テーブルの上にソースがあると、そのときのことを思い出すことがあるという。スペシャルドリンクを一気に飲み干しても、明治の幹部は、「早稲田の気合いなんてそんなもんか〜、大したことねえよな」などと言って絡んできた。

スペシャルドリンクに続いては日本酒攻撃だった。もちろん一升瓶からのコップ酒である。

「おい、腕が重いんだよ〜、早く飲めよな〜」

「気合い」を見せようと、一気に飲めば飲んだで、また次の一杯を飲まなければいけないのだから、下級生稼業も大変である。もっとも、スペシャルドリンク以外のことは、早稲田応援部でも日常的なことだったので驚くほどのことではない。会が終わる頃には意識がなかった。

予想もしなかった「明治の攻撃」だった。

7　吹奏楽団指揮者の選定

早稲田大学応援部は、年に二回合宿を行う。「夏合宿」と「春合宿」である。

夏と春のそれぞれの合宿には、リーダー、吹奏楽団、チアリーダーズの全部員が参加する。およそ一〇日間、寝食を共にして、それぞれの基礎技術の向上と、さらなる高みを目指し、また全体の規律の中で早稲田大学応援部員としての自覚を培うのである。

吹奏楽団では、これに加えて一一月上旬の「早稲田祭」期間中に、毎年独自に合宿を行っていた。目的の第一は、演奏技術の向上である。

秀樹が三年生の秋合宿。合宿最終日に次年度の吹奏楽団指揮者を決定するということになった。三年前期の副指揮者は秀樹が務め、後期が斉藤和幸君だったので、二人のうちから来年度の指揮者を選定するというのである。

選定するにあたっては、公平な方法として、「編曲大会」が開催されることとなった。合宿最終日に、それぞれが編曲した曲を演奏して、どちらが音楽性が高いかを部員全員で検証しようというのである。

通常であれば、次年度の人事は、一つ上の学年が決めて卒部していく。ところがこの年は、秀樹と斉藤君、どちらが指揮者としてふさわしいのか、上の学年は決めかねていたのであった。これは、「高いレベルで競い合っていた」のではなく、「どっちもどっち、困ったものだ」ということだったのではないかと、秀樹は思っている。

一般的に言って、指揮者の音楽性、また指導方法によって、そのバンドの実力が決まってしまうと言っても過言ではない。指揮者というのはそれほど重要な存在である。そう考えると、秀樹は自信が全くなかった。

楽器の演奏技術によって人間的な価値まで決まってしまうような風潮が、当時の吹奏楽団にはあった。そんな中にあって、他を圧倒する演奏技術があるわけではない。また卓越した音楽理論をもっているわけでもない。一癖も二癖もある部員たちを、指揮者として引っ張っていくのは自分にはとても無理だと、秀樹は自覚していた。

「編曲大会」によって決めてくれるのであれば、確かに公平であると思えた。それで認めてくれるのであれば、もう覚悟を決めてやるしかないし、認められなければそれは当然のこと、という思いだった。

合宿前に秀樹が用意した曲は「愛の讃歌」だった。シャンソンの名曲である。元になるメロディー譜を、合宿の期間中に、吹奏楽用に編曲して各楽器のパート譜まで作り、最終日に全員で演奏して、その音楽性を評価してもらうのである。

合宿の休憩時間中、秀樹はずっと編曲作業に没頭した。パート譜を作るだけでも大変な作業である。それぞれの楽器の「調」がわかっていないと、その楽器の楽譜は書き起こせない。トランペットとフルートやホルンでは「調」すなわち「キー」が違うので、同じメロディーを演奏させるのでも、楽譜の「調」が違ってくる。

例えば、「早稲田大学校歌」のイントロ。トランペットの楽譜では「ソソド、ソソド、ソソドドドド」となる。これがフルートの楽譜だと、頭にフラットが二つ付いて「ファファシ、ファファシ、ファファシシシシ」となる。要するにフルートの方が、相対的にトランペットより一音高いのである。

それを楽譜で合わせようとすれば、フルートの楽譜で一音下げなければならない。これを、トランペットはB♭調、フルートはC調という。これがホルンやアルトサックスとなるとF調やE♭調となり、頭の中はフラットやらシャープでこんがらがってくる。

ただし、こんなことは楽器をやっている人なら誰でも知っていること。それよりも、編曲作業をやり始めて、どうにもならない点に秀樹は気がついた。和音の成り立ち、すなわち音楽理論を基本的に勉強していなかったのだ。それで「編曲」をするなど笑止千万。

しかも結果として必要なものは音楽性である。元のメロディーから、どれだけ独創的かつ部員たちが納得してくれる作品に仕上げられるか……。絶望感が秀樹を襲った。

それでも、とにかく全パートの楽譜を作るしかない。結局できたのは、メロディーのコードから和音を読み取り、それぞれのパート譜を作れただけのことだった。

「愛の讃歌」が、それぞれの楽器の「調」を間違えずに、何とか合奏されることにはなったが、「編曲」そのものは惨敗だった。どう転んでも「素晴らしい作品」と言えるものではなかった。

その結果、来年度の指揮者は斉藤君ということに決定した。

この年の吹奏楽団男子三年生部員は、斉藤君、古越久之君、そして秀樹の三名しかいなかった。新人のときには一〇名以上いた優秀な同期が、みな部を辞めていった。女子も三

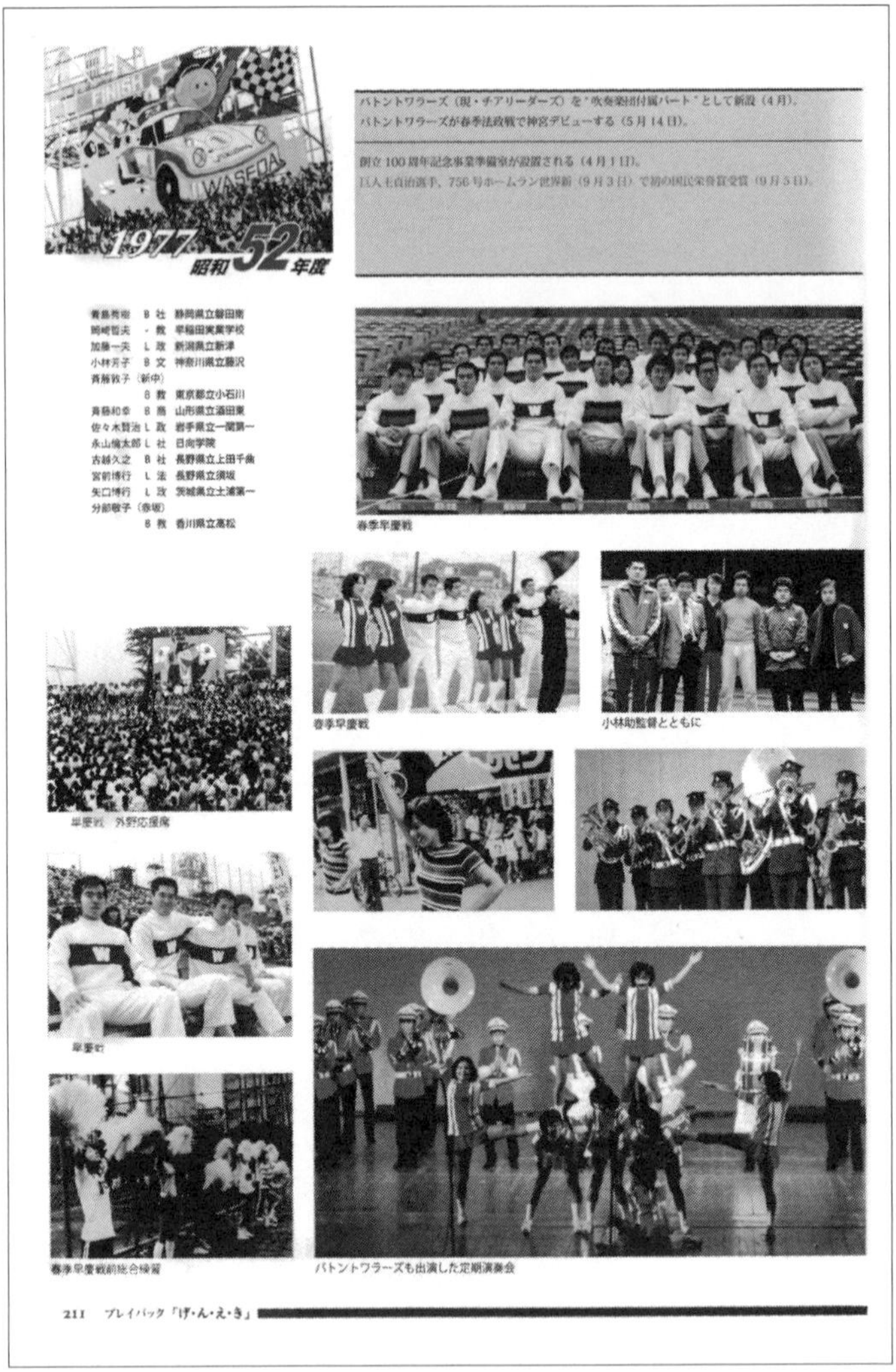
1977 昭和52年度

バトントワラーズ（現・チアリーダーズ）を"吹奏楽団付属パート"として新設（4月）。
バトントワラーズが春季法政戦で神宮デビューする（5月14日）。

創立100周年記念事業準備室が設置される（4月1日）。
巨人王貞治選手、756号ホームラン世界新（9月3日）で初の国民栄誉賞受賞（9月5日）。

青島秀樹　B 社　静岡県立磐田南
岡崎哲夫　- 教　早稲田実業学校
加藤一夫　L 政　新潟県立新津
小林芳子　B 文　神奈川県立藤沢
斉藤敦子（新中）
　B 教　東京都立小石川
斉藤和幸　B 商　山形県立酒田東
佐々木賢治　L 政　岩手県立一関第一
永山倫太郎　L 社　日向学院
古越久之　B 社　長野県立上田千曲
宮前博行　L 法　長野県立須坂
矢口博行　L 政　茨城県立土浦第一
分部敬子（赤坂）
　B 教　香川県立高松

春季早慶戦

早慶戦　外野応援席

春季早慶戦

小林助監督とともに

早慶戦

春季早慶戦前総合練習

バトントワラーズも出演した定期演奏会

211　プレイバック「げ・ん・え・き」

『創部70周年記念　早稲田大学応援部史』（2010年）より

名いたが、当時はまだ女子が要職に就くという時代ではなかった。

吹奏楽団での幹部（四年生）の三大要職は、指揮者、マネージャー（主務）、そして吹奏楽団責任者である。吹奏楽団責任者というのは、当時は「早稲田大学応援部副将、音楽責任者」と呼称されていた。要するに応援部全体の副将であり、吹奏楽団の部長ということである。

指揮者は斉藤君、そしてサブマネージャーとしてすでに部を切り盛りしていた古越君がマネージャーとなることが決まった。消去法によって、秀樹が吹奏楽団責任者を拝命することになった。男子がたくさんいるような他の学年であれば、消去法によって選ばれることなどなかっただろう。

早稲田大学応援部代表委員主将は、百数十名の部員を束ねる、応援部全体の総責任者であるが、およそ七〇名いる吹奏楽団のかじ取りは吹奏楽団責任者である。それをなんと秀樹が任されることになったのである。「田舎のひ弱だったお坊ちゃん」と自覚する秀樹にとって、驚くべき役回りとなった。

もっとも秀樹自身は、指揮者よりも責任者の方がずっと自分に向いていると思っていた。

8　応援部幹部就任

この年一二月に応援部の幹部交代があり、秀樹は幹部として次のような役職に就くこととなった。

早稲田大学応援部副将、吹奏楽団責任者、新人監督、東京六大学応援団連盟常任委員、東京都大学吹奏楽連盟理事、吹奏楽団定期演奏会実行委員長。

斉藤君は指揮者に専念、古越君もマネージャー業に、それぞれ専念しなければいけないので、さまざまな役職を秀樹が全部兼務することになったのである。

早稲田大学応援部に「新人哀歌」という歌が伝わっている。リーダー新人が歌うものではあるが、歌に込められた思いは、リーダーでも吹奏楽団でもチアリーダーズでも変わりはないだろう。

その歌詞に「華の幹部になってやる」という一節がある。新人時代には、幹部になるのは果てしなく遠いことで、果たして自分に実現可能なことなのか、と思うこともしばしばだという。その幹部に「ついになれたのだ」という喜びの一方で、これから先の責任の重さを思うと、素直に喜べないというのも秀樹の正直な感懐だった。

しかし、時は待ってくれない。早稲田大学応援部一九七七（昭和五二）年の活動がすでに始まろうとしていた。

現在であれば「新年度」の活動は、「箱根駅伝」での応援からということになるが、当時「箱根駅伝」はそれほど注目を集めているイベントではなかった。テレビ中継がなく、NHKラジオでの中継だけだった。応援も、東京近郊にいる部員だけで行われていた。

そういう状況のもと、早稲田大学応援部としての当時の箱根駅伝応援は、東京近郊在住の部員にまかされていた。地方出身の部員は帰省を許され、部全体の活動開始は、「春合宿」からだった。

一九七七年の春合宿は、千葉県安房《あわ》小湊《こみなと》、青海家旅館において、三月一三日から二〇日まで行われた。秀樹は幹部として、そして吹奏楽団責任者として、また楽器奏者として、部を引っ張っていく立場になったのである。

この春合宿、早稲田大学応援部に大きな変革が起きようとしていた。そして、早稲田大学応援部の歴史に「青島秀樹」という名が刻まれることになる。それは、「早稲田大学応援部バトントワラーズ」の創設と、その初代責任者に秀樹が就くことになったからである。

「早稲田大学応援部バトントワラーズ」は、その後、時代の変化もあり「早稲田大学応援部チアリーダーズ」と名称を変え現在に至っている。

それ以前には「早稲田大学バトントワリング研究会」があり、野球での応援、吹奏楽団の活動などに協力をしてもらっていた。しかしながら、あくまで同好会であり、応援部とは全く違う組織であった。同好会と応援部では、応援に対する考え方、取り組み方、また精神も違っているのはやむをえないことだった。

「このまま同好会のご機嫌を取りながらだましだましやっていくわけにはいかない。この際応援部の中にバトントワラーズを創設すべし」という意見が、吹奏楽団を中心に出ていた。早稲田大学滝口宏応援部長も同意され、昭和五二年度から正式に「早稲田大学応援部バトントワラーズ」を創設しようという結論に達していた。

秀樹の記憶では、合宿が始まって二日目くらいのこと。昼食が終わり、幹部部屋で主将を中心に四年生がくつろいでいた。宮前主将が湯呑み茶碗を手にしながら、にこやかに、

「四月からバトン部員を募集するが、その責任者を青島にやってもらおうと思う」

と切り出した。

「リーダーじゃ面倒見られないから、吹奏楽団で面倒見てやってほしい。その際、斉藤は指揮者だし、古越はマネージャーで専任だから、青島がいいんじゃないか。大体が、青島

応援部新幹部勢揃い
（左から宮前、古越、佐々木、青島、永山。1977年３月）

が新人監督だし」

そこにいた面々は揃って、

「バトンは全員新人だし、そりゃ新人監督である青島だね」

と賛意を示した。秀樹自身もその理屈であれば異存があるはずもなく、ここに初代バトントワラーズ責任者が誕生することになったのである。

ここに至る経緯は、『創部70周年記念　早稲田大学応援部史――伝統と誇りの継承1219人の証言』（早稲田大学応援部稲門会、二〇一〇年）に詳しく記述されている。

9　バトントワラーズの誕生

一九七六（昭和五二）年春、東大にバトン部ができたため、これで六大学の中で正式にバトン部を発足させていないのは早稲田だけになった。早稲田の場合、一九七一（昭和四六）年からバトントワリング研究会が早慶戦をはじめ応援部のさまざまな活動に協力してくれてはいたが、この関係にも問題が出始めていた。やはり別団体であるが故に活動の価値観にずれがあり、応援部の活動に合わせて動いてもらえないことがあったからである。五一年度の後半になると、そういった面が目立つようになり、一緒に活動してもらいたい機会が多い吹奏楽団としては困っていた。

一二月に五二年度の新体制になると、吹奏楽団の中では「バトントワリング研究会はあくまで同好会なんだから、我々の都合に合わせてくれといっても、やっぱり無理なんだ」という意見で一致していたため、バトントワラーを自前で持つということはもはや既定路線になっていた。そこで、一月に行われたコーチ会議においてバトン部の新設が決定され、当面の活動として「バトンを正式な部内の一部門とするよう学内外の関係者に交渉を開始する」ということが確認された。

応援部では、体育局長業務で多忙になった滝口部長の代行として四八年から教務主任の伊藤順藏先生が部長代行に就任していたが、伊藤先生も以前から同会との関係の現状を鑑み、バトン部新設に前向きな考えを持っていた。そして他大学がすべてバトン部を発足させていたこともあり、高野光由総監督や依田米秋監督らもバトン部新設に異論はなく、リーダーもその必要性を認めて反対することはなかった。これで早稲田もいよいよバトン部を新設することになり、名称は「バトントワラーズ」と決まった。

応援部はお世話になってきたバトントワリング研究会に対し、この春、部内にバトン部を新設すること、このバトン部に入ってもらわないと今後は一緒に活動ができないこと、入部後は全員新人扱いになると思うが一緒にやらないかということを伝えた。研究会メンバーは新人扱いされることに抵抗もあり、応援部へ入りたいという希望者は出なかった。そしてこのバトン部新設を受け、昭和五一年度をもってバトントワリング研究会を解散することを決め、応援部へ報告した。

吹奏楽団責任者の青島秀樹は、三月の春合宿で宮前博之主将から「バトントワラーズはリーダーでは面倒が見られないから、バンドで面倒を見てくれ」という話をされた。吹奏楽団としてはそのつもりでいたので特に反対意見も出なかったが、「吹奏楽団幹部のうち誰がバトントワラーズの担当をするのか」という話になった時、やはり宮前主将から「青島がいいんじゃない。吹奏楽団責任者で、ちょうど新人監督も兼ねているし。入部してくるのは全員新人なんだから」という提案があった。

この年、吹奏楽団の男子幹部は三人で、青島の他には古越久之が主務で、斉藤和幸が指揮者であった。古越も斉藤もバトン担当までは手が回りかねるということで、結局、青島が担当することとなり、初代「バトントワラーズ責任者」となった。この時点では「吹奏楽団の新人監督がバトントワラーズ責任者を務める」という決定事項があったわけではなく、結果的に新人監督でもあった青島が担当となり、面倒を見る実務担当者は新人監督サブの柴田正治が務めることとなった。

春合宿のこの段階で、バトントワラーズの将来像を描いていた者は部内に誰もいなかった。あくまで従来のバトントワリング研究会に代わる存在であり、全員の認識が「吹奏楽団の下部組織という位置づけ」であったことは否めなかった。とにかく四月一日の入学式の日から吹奏楽団の新人募集と合わせてバトントワラーも募集してみようということになった。

だが、あまり時間がなかったこともあり、募集に向けて特別な準備はしておらず、部室や練習場についても考えていなかった。幹部の間ではバトントワラー募集については「すべて青島に任せる」ということにしていたのだが、青島自身もそんなに入部希望者がいるとも思えず、せいぜい三〜四人くらいだろうと思っていた。その程度であれば、特に準備もいらないだろうと楽観視していた部分があった。

ただ青島は募集にあたり、次の点だけは決めてコーチ会議で了承してもらっていた。

一、学部一年生でなくてもいい。ただし、部内では全員新人扱いとする。

二、早稲田の学生でなくても、他大学の学生の参加も認める。

ここまで門戸を広げないと、入部希望者が集まらないだろうと考えていたのだ。

※この章は、『創部70周年記念　早稲田大学応援部史――伝統と誇りの継承1219人の証言』（早稲田大学応援部稲門会、二〇一〇年）を参考にした。

第五章

早稲田大学四年生前期

1　吹奏楽団の改革

四月一日、一九七七（昭和五二）年度早稲田大学入学式の日を迎えた。会場は記念会堂。式終了後のキャンパスはとてつもない人の波だった。ほとんどお祭り騒ぎである。新宿、渋谷の雑踏を上回ると言ってよい。

その本部キャンパス内に、例年同様、応援部吹奏楽団新人勧誘の出店が設けられた。ただし、この年は吹奏楽団の部員募集と合わせてバトントワラーズの部員募集も行われた。バトントワラーズ入部希望者は初日から続々と訪ねてきて、幸先のいい出足となった。いや、幸先がいいどころの話ではなかった。せいぜい三～四人くらいだろうと予測していたのに、わずかな期間に一〇人も集まってしまったのだ。これには誰もが驚いた。嬉しい誤算だった。

新入生四人の他に、二年生が一人、三年生が二人、大妻女子大学短期大学部の二年生が二人、日本女子大学の二年生が一人いた。しかも、三年生二人のうちの一人は、バトントワリング研究会のメンバーだった。応援部では、学部の何年生であろうが、すべて新人扱いである。また他大学の学生であっても、コーチング会議で了承してもらっていたとおり、新人として受け入れることとした。

こうして、六大学で一番遅咲きとなった早稲田大学応援部バトントワラーズが正式に誕生し、秀樹がその初代責任者となったのである。

予想を上回る数の新人を迎える結果となって、秀樹は戸惑った。そもそも「指導者」がいないのである。バトンのことなど何も知らない秀樹自身が指導者になることはあり得ないことだった。

熟慮のすえ、新人の中にも班長を置き、週二回を自分たちの自主練習として、週一回は高田馬場にあるバトンスタジオに通うようにさせた。スタジオにかかる費用の半額は吹奏楽団で負担し、残り半額は自己負担。自主練習の場所は、理工学部キャンパスにあった吹奏楽団の練習場のすぐ隣にあった自動車部の駐車場とした。

バトントワラーズ誕生の経緯は、これほどに無計画に近いものだった。「今となってみれば想像もつかないことだ」と秀樹は振り返る。

秀樹は、バトントワラーズ初代責任者として知恵を絞っていたが、本職は吹奏楽団責任者、そしてトランペットのトップ奏者である。奏者としての秀樹は、三年生まではいわば「二軍」に甘んじていたのだが、幹部となり、いきなりエースの役目も果たさなければならなくなったわけである。

吹奏楽団責任者は、文字どおりキャプテンである。すべての部員の範たらねばならない。週二回の吹奏楽団の全体練習で、練習最後の「締めの言葉」は吹奏楽団責任者が述べるのである。

そのような姿は、子供時代の秀樹からは想像もつかないことだった。本人称するところの「田舎のひ弱だったお坊ちゃん」が、成長の階段を確実に上《のぼ》りつつあった。

一九七七年春の東京六大学野球リーグ戦が始まった。

この頃には、トランペット奏者としての秀樹の実力も相当に上がっていた。「コンバットマーチ」をどれだけ演奏しても疲れないという驚異のスタミナもついていた。「コンバットマーチ」は、チャンスになると延々と演奏され続ける。とても音が高く、トランペット奏者には過重負担の曲である。それが、響きわたる音で、難なく演奏できるようになっていたのだ。

下級生時代、先輩から「神宮球場のスタンドで、ピアニシモで吹いても、ピーンと相手のスタンドに聞こえる響いた音を出せ」と言われ続けていたが、その境地を四年生にして初めて会得した感があった。奏者として自信を得たことも、秀樹の成長に大きな役割を果たしたであろう。

「先輩」と言えば、秀樹より上の吹奏楽団の上級生たちは「応援部的なもの」が嫌いな人たちが多かった。できれば応援などには行きたくないというのは言いすぎにしても、リーダーに非協力的だった。

秀樹は、吹奏楽団責任者の立場として、吹奏楽団が応援部としての責務を果たせる道を模索した。秀樹なりの「吹奏楽団改革」である。それこそが、自分に与えられた役回りだと思ったのである。

その改革のうちの一つが「球場練習」だった。

神宮球場でのリーグ戦、第一試合であればスタンドを使った練習。そういう実際の試合を想定したリハーサルを、リーダー部員は行っていた。これが「球場練習」である。対明治、対法政戦ともなれば、気合いも入る。本番を想定した練習は不可欠だった。

吹奏楽団はそれに参加していなかった。単純に、「参加したくない」というのが理由だった。リーダー部員は、やむなく声と太鼓だけで練習をしていた。

秀樹はこれを改めた。吹奏楽団責任者の立場を使って、吹奏楽団と、誕生したばかりのバトントワラーズを「球場練習」に参加させることとした。それによって神宮での集合時間は格段に早くなる。加えてリーダーに付き合って応援歌の伴奏をしなければならないのだから、吹奏楽団の部員は不満である。そういう声が出たが、秀樹は一歩も譲らず、「吹奏楽団は応援部の一員である」という持論で押し切った。

それによって、今まで声と太鼓だけでやっていた練習が、はるかに充実したものとなり、リーダー幹部からは「夢のようだ」と感謝された。ただ、これはリーダーのためだけのことではなく、できるだけ近いうちに「神宮デビュー」をさせたいバトントワラーズのことも考えた上での判断だった。

秀樹が行った「改革」は他にもあった。

「練習」の相互見学である。それまで、吹奏楽団の練習を見に来るようなリーダー部員はいなかった。その逆もしかり。早稲田大学応援部の同じ部員なのに、リーダーと吹奏楽団は、それぞれがどんな練習をしているか知らなかったのである。同じ「部」なのにである。この年は、それにバトントワラーズが加わった。

応援部部室は文学部キャンパスにあり、吹奏楽団の練習場は理工学部キャンパスにあった。双方の場所はかなり離れている。そういう位置関係も多分にあったのだろうが、吹奏楽団の部員が応援部部室に行ったこともないという状態だった。

そこで秀樹は、吹奏楽団の練習をリーダー部員たちに見に来てもらうことにした。初めて見る吹奏楽団の練習にリーダー部員たちも新鮮な驚きをもって接してくれた。リーダー部員だから音楽的素養がないとは言えまい。普段このような練習をしているのだ、ということを自分の目で見て納得してもらえたことの効果は大きかった。

その逆に、リーダーの普段の練習を、吹奏楽団の部員が見学するというのは結局果たせなかったが、その代わりの「球場練習」でもあった。

ここに重要なエピソードがある。リーダーの練習に秀樹が参加したのである。吹奏楽団の部員、しかも幹部がリーダーの練習に参加するなどということは、応援部始まって以来、前代未聞のことだったかもしれない。

このときの練習メニューは、本部キャンパスを出発して走り続け、皇居を一周して早稲田まで戻ってくるというもの。その距離は八キロほどもあろうか。しかも、ただ走るだけではない。「ワセダ～ファイト！」と叫びながら、途中で「馬跳び」や「ウサギ飛び」「耕運機」などがまじる。それを延々と際限なくやっていくのである。どの運動部よりもキツイ、といわれる猛烈な練習だった。

もちろん幹部だから参加できたのだが、そういったキツイ練習に耐えられる体力が備わっていた。そうでなければとてもついていくことなどできない。秀樹自身は、見学するくらいなら参加してしまおう、という単純な動機だったのだが、リーダー部員たちの秀樹を見る目は、この一件で変わった。自分たちのことを理解しようとしてくれている吹奏楽団責任者だということがわかったからである。

2　東京六大学応援団連盟

前年の三年生前期、秀樹は東京六大学応援団連盟のサブを務めていた。そして、幹部になったこの年には、連盟常任委員となっていた。もちろん、吹奏楽団責任者や他の役職との兼務だから、相当多忙であった。

三年生のとき、明治大学の幹部に「おもちゃ」にされたあの経験。それは忘れようとしても忘れられないことだった。しかし、自分が幹部になって、他大学の下級生を「おもちゃ」にしようとは全く思わなかった。そんなことをすれば不快な思いが残るだけである。それよりも、親睦の方が第一と考えたからである。

実際この年の六大学連盟は仲が良かった。当番校が東京大学で加藤鏡二君、立教大学が長沼昇君、法政大学は大坂正雄君、慶應義塾が池上譲治君で、明治は井元和夫君、そして早稲田が秀樹という面々だった。

このメンバーはよく飲み会をやった。個性的な六人だったが、その中で一番「アホ」を自認していたのが東大の加藤君だった。「アホ」の度合いでいったら秀樹も相当なものだが、加藤君には負けたと本人は自認している。

このときの六大学連盟におけるエピソード。

秀樹は、地方学生会の上部団体である全国早稲田学生会連盟のメンバーと親しかったが、その連盟は、赤坂にあった山脇学園短期大学学生会と仲が良かった。お互いのイベント等に協力しあっていた。秀樹も、山脇学園短期大学学生会の会長をはじめとした面々と顔見知りだった。

そこで、秀樹は、今でいう「合コン」を企画したのである。メンバーは、六大学連盟の四年生六名、そして山脇短大学生会の六名だった。場所は、銀座にあったコージーコーナー。

当時は「合コン」などという言葉はなかったので、単に親睦会と称していた。当日は大いに盛り上がり、法政の大坂君が、そのとき知り合ったうちの一人と結婚するまでに至った。縁とはまさに不思議なものだと秀樹は思う。

また慶應の池上君とは、約四〇年後の二〇一五（平成二七）年二月二八日に行われた秀樹の「『人生劇場』口上青島流家元認定式」に参加してくれるほど長い縁が続いている。

3 「人生劇場・口上」デビュー

秀樹は、「人生劇場・口上」の方も、おろそかにしていたわけではなかった。自分なりのカタチが見えてきていた。それまでの応援部では「昨日も聞いた今日も見た……」で始まる「口上」だったが、秀樹はこれに「早稲田の杜《もり》が芽吹く頃……」という部分を加えていた。

ただし、それを応援部員として早慶戦などで披露したい、と望んでいたわけではなかった。リーダーの練習に参加したのも、そのような思惑があってのことではなかった。しかし、この頃になると、リーダー部員の中でも、秀樹が「人生劇場・口上」を研究しているということは周知の事実となっていた。

そして「そのとき」はやってきた。

一九七七（昭和五二）年五月二八日春の早慶戦。試合終了後のセレモニーで、外野応援席ではあったが、秀樹の「人生劇場・口上」がデビューしたのだ。

宮前主将が、「とりあえず外野でやってみなよ」と言ってくれた。吹奏楽団の部員として、初めて早慶戦の大舞台で「人生劇場・口上」を披露したのである。単に、「口上」を研究していたからというだけではない。秀樹の、応援部への、そして早稲田への熱い思いが、他の部員に伝わったからに他ならない。

　指揮台の上に立ち、目を閉じた瞬間、一切の喧騒が秀樹の頭から消えた。瞼《まぶた》の裏には、ここに至るまでの数々の思いがまるで走馬燈のように蘇った。子供時代のこと、中学・高校の頃にあれほど早稲田に憧れたこと、そして夢にまで見た早稲田大学に入学できたこと、応援部での生活、はたまた吉永小百合、そして小説『人生劇場』でのお袖《そで》や青成瓢吉《あおなりひょうきち》……。

春季早慶戦にて、応援部幹部
（左より矢口君、宮前君、秀樹、永山君）

　上述したように秀樹は下級生時代から「口上」の言い回しや詞章について研究していた。しかし、実際に指揮台に立ってみると、結局はそういう技術ではなく、今までの自分の生きざまの発露としての「口上」であることに思い至った。

　弱冠二一歳の若者であっても、その若者の人生の叫びが、聞く人の心に届いたらしい。

内野席での「人生劇場・口上」よりも、外野席での秀樹の「口上」の方が断然良かったという評価だった。それによって、この年、春の早慶戦以降の「人生劇場・口上」は、秀樹が担当していくこととなった。吹奏楽団の部員が、リーダーを差し置いて担当するなど、異例中の異例のことであった。「青島流」はここにその歴史の一歩を刻んだのである。

それまでのリーダーの「人生劇場・口上」が聞く者の心に響かなかったとすれば、それは、そのような思いが欠如していたからではないか。詞章をただ棒読みしているだけではいけないのである。

「『口上』を語るには人生が必要だ」との秀樹の思いはここに発している。ただし、「年を重ねなければ語れない、というものでもない。年齢を重ねたからと言って、聞く人の五感に訴えるような説得力のある『口上』になるわけではない。若者には若者なりの人生がある」と、今、秀樹は思っている。

言い回しやテクニック、もちろんそれも必要だ。が、やはり大切なのは「人生」だ。この感覚は、このとき以来現在に至るまで、秀樹が「口上」を演じる際にいつも感じることである。これこそが「人生劇場・口上」青島流の本質と言ってよい。

秀樹の「人生劇場・口上」は、かくして華々しくデビューしたのだが、この年発足したバトントワラーズの存在も忘れてはいけない。正確に言えば、五月一四日の対法政戦がデビューだったのだが、本格的にデビューしたのは五月二八日の早慶戦だった。つまり、秀樹の「人生劇場・口上」と、バトントワラーズから現在のチアリーダーズに至る歴史の、原点の日付が重なるわけである。

春季早慶戦。外野応援席での「人生劇場・口上」。
これが「口上」デビューとなった（1977年５月28日）

法政戦では、各自が自費で購入した赤いトレーナーと白いスコート、白いハイソックスという衣装で、赤いポンポンを持って、応援歌「紺碧の空」と「ひかる青雲」を踊っただけの、いわば顔見せ程度の披露。一方、早慶戦では、バトンスタジオで特訓したピンクレディの「ＳＯＳ」

「コンバットマーチ」も指揮台上で（春季早慶戦、1977年）

などを見事に踊った。吹奏楽団が費用を負担して制作した赤と白の衣装にブーツといういでたちだった。

前述したように、バトントワラーズの普段の練習は、理工学部キャンパスの吹奏楽団練習場の隣、自動車部の駐車場で行われていた。時間も吹奏楽団と同じ火曜金曜の午後四時から七時とされていた。しかし、さまざまな点で不便だったので、そのうち記念会堂前で行うようになった。

発足したばかりのバトントワラーズも、生みの親である吹奏楽団からの自立を模索していくこととなる。

ちなみに、二〇一七（平成二九）年度のチアリーダーズ二年生以上の部員は六三名である。その陣容も、技量も、もはや六大学一と言いきってよい隆盛ぶりである。誕生したばかりの頃には、そんな時代がやってこようとは想像もできなかったと、秀樹は感慨を込めて振り返る。

4 青島さんファンクラブ

この一九七七年春の六大学野球リーグ戦は「江川法政」の黄金時代だった。秀樹は四年間江川と同期だったが、ついに「打倒江川」を果たすことはできなかった。世は「江川ブーム」で、東京六大学野球は大人気、神宮球場には多くの野球ファンが詰めかけていた。斎藤佑樹ブームのときもすごかったが、遥かにその上をいっていた。法政との試合の場合、対戦相手校のスタンドは満席、激しい応援合戦が繰り広げられた。もちろん早慶戦は超満員。

秀樹の「人生劇場・口上」デビューとなった早稲田外野応援席も、身動きが取れないほどの人、人、人であった。この当時、神宮球場外野席は、まだ芝生張りだったので、定員以上の観客を入れることができた。現在では考えられないことである。

六大学野球の人気に伴って、各校の応援団・応援部も人気の的だった。その少し前にどおくまんの『嗚呼!! 花の応援団』という漫画が大ヒットした影響もあったのだろう。

各校の応援団・応援部は、試合開始前に学生応援席の入り口付近で全部員を集合させ、学年順に整列し、監督やOB、主将などが挨拶をする、いわゆる「集合」という儀式を行っていた。たくさんの女性が、その「集合」を二重三重に取り囲んでいた。ファンの女性たちだった。野球部のファンではない。応援団・応援部のファンの女性たちである。

各校のリーダー幹部には、いわゆるファンクラブがあった。

現代と違って、この当時は「ファン」だからといって、個別に女性たちが部員へ声をかけるようなことはほとんどなかった。秀樹にもファンクラブがあったのだが、当の本人は全く知らなかったという。

翌年、『サンケイスポーツ』(一九七八年四月一三日付)に次のような記事が掲載されて、初めてその存在に気づくこととなる。

「一時、花の応援団がブームになり、今まで神宮なんか全然興味のなかった女のコたちが、野球じゃなくて応援団を見に集まった頃、慶應高校の女のコの作った『東大小林さんファンクラブ』や『早大青島さんファンクラブ』なんて、応援団のリーダーファンができたりしたけど、今でもやっぱりあるのかな?」(元早大青島さんファンクラブ会員)

慶應高校の女生徒たちが、秀樹のファンクラブを作っていたのである。
「そのとき、一言声をかけてくれていれば……」と、秀樹は今でも残念がる。

5　吉永小百合を思慕する会

「早稲田大学吉永小百合を思慕する会」は、遠州人会仲間の大村真也君が「一人で」結成した会だったが、秀樹たち志を同じくする人間が加わり、「会」としての体裁を成すに至った。大村真也総裁、青島秀樹政調会長、裁原敏郎官房長官、木場康文防衛庁長官、柴谷宗男企画庁長官、金口恭久総務会長、馬形貢旗手長といった面々。彼らは「早稲田を代表する学生たち」だと自負していたというから、その鼻息たるや尋常でない。

このとき、大村君と秀樹が立案・作成した「早稲田大學吉永小百合を思慕する會　會則」は現存している。以下に引く。

「早稲田大學吉永小百合を思慕する會は、吉永小百合を最理想の女性とする、真の硬派の集まりである。思慕する會會員は、吉永小百合を慕うという共通の目的に則り、會員相互の親睦、連携を推進し、更には『真の日本男児とは、大和撫子とは』ということを考え、ひいては母校早稲田大學の発展に寄与する人間を目指さんとするものである。思慕する會員は、會の名誉にかけ、全力を挙げてこの崇高かつ深遠な理想と目的を達成することを誓ふ」

旧漢字を用いた古めかしい文体に、その精神が現れている。酒を飲み、飲むにつれ、「我々は真の硬派な～り!! そして吉永小百合こそが真の大和撫子であるんであ～る!!」などと、大隈重信風にぶち上げたい学生の集まりであった。

「會則」にはこうも書かれている。「吉永小百合は究極の理想女性である」。

「小説『人生劇場』に登場するお袖とは、正反対の女性としての吉永小百合だ」と秀樹は言う。お袖は、青成と恋に落ち性愛におぼれた女。男への愛一筋という純情はあれど、清純とは言いがたい。理想的な女性として、大和撫子の清純さを求める気持ちが秀樹にはあった。

「逆に、お袖という小説の中の登場人物がいなかったら、ここまで吉永小百合に肩入れすることもなかったのかもしれない」と、秀樹は言う。

この会の「會則」にはさまざまな取り決めがあった。

・総裁は五〇曲以上、政調会長は四〇曲以上の吉永小百合の歌を歌えなければならない。

・「いつでも夢を」を會歌、「寒い朝」を第一応援歌、「勇気あるもの」を學生歌とする。

・タクシーに乗る際は必ず「新しいクラウン」に乗らなければならない。酒を飲むなら「美酒爛漫」、化粧品を使うなら「明色」にしなくてはならない。

言うまでもなく吉永小百合は女優であるが、吹き込んだ歌が六〇曲もあるということを知る人は少ないだろう。大村総裁は、当時吹き込まれていた五〇曲すべてを歌うことができたというのだから恐れ入る。秀樹もほぼ同程度歌えたのだからなかなかのものである。取り決めの中に出てくる「クラウン、美酒爛漫、明色」は、当時吉永小百合がコマーシャルに出ていたからである。一般常識から言えば愚の骨頂にも等しいが、こういうことを大真面目にやってしまうところが、いかにも早稲田らしい。

「まさに早稲田の真っただ中にいる気分だった」と秀樹は言う。

このようなツワモノたちの中で揉まれて秀樹は大人になっていった。現代の早稲田の学生たちに、このような伝統は引き継がれているのだろうか。

この「思慕する会」は、ただ単に酒を飲んでいただけではなかった。二月末の早稲田大学入学試験で、「思慕する会」として、合否電報屋を大隈講堂前に出店していた。それが、入学試験を取材に来ていた『夕刊フジ』の記者の目に留まり、記事にしてくれた。

見出しは、「サユリストは今でも早稲田に健在！」。サユリストとしての大村総裁の一代記とも言える内容であったが、その記事を見た作家の野坂昭如《あきゆき》氏が、「面白い。この学生たちに会ってみたい」と言い、その情報が記者を通じてもたらされた。野坂氏は生粋のサユリストとしてつとに有名だった。

秀樹たちが野坂氏に会ってみると、上機嫌で、

「いや〜、嬉しいね。小百合さんのことをここまで思ってくれる学生たちがいるとは。今度小百合さんに会わせてあげよう」

思いもよらぬ展開となった。

後日、TBSから連絡があった。当時、午後のワイドショーとして放映されていた『3時にあいましょう』に吉永小百合が出演するので、「ぜひ学生さんたちも出演してほしい」という出演依頼。野坂氏のはからいだった。

「思慕していた」からと言って、本物の吉永小百合に会ったことがあるメンバーは一人もいなかった。メンバーたちの喜びようは、「早稲田に合格したくらい」すごいものであったという。

五月、ついに吉永小百合とのテレビ出演を果たすことになった。

「憧れの小百合さんは、まるで白雪姫のようだった」と秀樹は思い返す。美しく真っ白い頬、そして想像していたよりも遥かに華奢《きゃしゃ》な体躯に戸惑った。目の前に、あの小百合さんがいて言葉が出てこない。頭の中は真っ白だった。

「今、全国中継でテレビに映っている」という思いもさることながら、それ以上に目の前の小百合さんがあまりにも眩《まぶ》しかったのである。「美しい女性というよりは美しい妖精だった」と、秀樹は振り返る。

『人生劇場』のお袖は吉永小百合と対極にある女性だと思っていたが、ひょっとしたらお袖も青成瓢吉にとっての「妖精」だったのではないか、との思いが一瞬、秀樹の頭をよぎった。

6　早稲田大学浜松演奏会の準備

一方、「早稲田大学遠州人会」では、この年の「早稲田大学浜松演奏会」開催に向けて、準備が佳境に入っていた。前年、初めて浜松で演奏会を開催し、鈴木重樹先輩が主将として故郷に錦を飾っていた。今度はいよいよ秀樹の番である。

「故郷遠州の皆さんに、立派になった姿を見てもらえるのだ」と思うと、秀樹の心は熱くなった。

ところが、思わぬ事態に遭遇することとなる。この年の演奏旅行に、吹奏楽団が参加しないことになってしまったのだ。

夏のスケジュールの問題だった。例年は、八月前半から中盤が夏合宿、後半が演奏旅行という振り分けになっていた。ところがこの年、吹奏楽団は、全日本吹奏楽コンクールに参加することにしたのだった。吹奏楽コンクールの本番は九月三日。もちろん、コンクールの本番にだけ出ればいいということではない。それに向けて、夏合宿からコンクールに合わせて猛練習をするのだ。演奏旅行とコンクールの両立は不可能だった。

演奏旅行とコンクール、どちらにするかという議論を重ねた結果、「コンクールに出場しよう」という意見が、幹部・コーチングスタッフの間で大勢を占めた。吹奏楽団責任者の秀樹も同意せざるを得ない状況となった。吹奏楽団として、「音楽性の向上」を図ることは最重要課題だと、秀樹も認識していたからだった。全日本吹奏楽コンクールへの参加は、とても貴重な鍛錬の場である。

こうして、夏の浜松演奏会はリーダーだけの参加という事態になってしまった。ただし、吹奏楽団から秀樹一人は演奏会に参加することとした。何より、故郷遠州での演奏会であるし、「人生劇場・口上」も演じることになったからである。

そこで困ったのは、校歌、応援歌、そして「人生劇場」の伴奏であった。会場は浜松市民会館（当時）。このような広いホールで録音テープ伴奏というわけにもいかない。

この年の浜松演奏会は、応援部リーダーによるステージと、早稲田大学ハイソサエティ・オーケストラ（通称「ハイソ」）によるジャズのステージが予定されていた。そこで秀樹は一策を思いついた。ハイソサエティ・オーケストラに、校歌、応援歌の伴奏をしてもらうというもの。ただし、これは前代未聞のことであった。

ジャズのフルバンドであるハイソは、それまでに校歌、応援歌の伴奏をしたことがない。そもそもフルバンドのジャズバンドである。同じような楽器を用いていても、いわゆる吹奏楽とは、その演奏スタイルも、楽器自体の奏法もまるで違う。無茶もいいところだ。

しかし何はともあれと、秀樹はハイソのマネージャーの望月俊明君に連絡をとった。早稲田大学南門付近の喫茶「ぷらんたん」で望月君と会った。秀樹は、今までの経緯を説明し、単刀直入に、

「ハイソで校歌、応援歌の伴奏をしてくれないか」

と切り出した。望月君は「いいよ」と、意外にも二つ返事で引き受けてくれた。

ただし、「まるで演奏の仕方がわからないので、青島が指導に来てくれよ」という条件付きであった。ジャズバンドが果たして校歌、応援歌をまともに演奏できるだろうか、と心配していた秀樹にとっては願ってもないことである。ハイソへの指導を秀樹がすることとなった。

このときに出会った望月君とは、秀樹はなぜか気が合い、その後もずっと交流が続いている。同級生であり、同じトランペット奏者という共通点もあったからだろう。

そのときから約四〇年後の二〇一六(平成二八)年、浜松で開催された「静岡県稲門祭」(早稲田大学校友会静岡県支部総会)には、ハイソのOBバンドであるリユニオンオーケストラ、そしてハイソOGである世界的ジャズピアニスト守屋純子まで出演し、大好評を博した。一九七七(昭和五二)年の喫茶「ぷらんたん」での二人の出会いがなければ実現しなかったプログラムである。

望月君は、大学卒業後長い間「ハイソサエティ・オーケストラOB会」の会長を務めた。望月君は秀樹に会うたびに「おい、青島、いつか浜松へOBバンドを呼んでくれよ」と言っていた。これは本心だった。望月君には、学生時代の「浜松演奏会」という特別な思い出があるからだった。

「コンバットマーチ」の作曲者三木佑二郎先輩（中央）、
同期のハイソOB会会長（当時）の 望月俊明君（右）と（2015年10月18日）

秀樹も、ぜひ実現したいと思っていた。それが叶ったのが二〇一六年だったというわけである。浜松に呼ぶにあたっての準備は膨大なものだったが、秀樹がすべてのことを責任者として引き受けて実現した。

さて、話は一九七七年六月に戻る。

秀樹はハイソの練習場に向かった。練習場は、文学部キャンパスにある体育局の隣にあった。

早稲田大学ハイソサエティ・オーケストラは、日本を代表するジャズのビッグバンドである。その実力は学生日本一と言ってよい。当時は一軍のバンドから四軍のバンドまで部内にあった。秀樹が指導したのは、そのうちの一軍のバンドであった。応援部吹奏楽団の人間が、ハイソを指導したのは、後にも先にもこのときだけだろう。

秀樹は、前年吹奏楽団副指揮者としての鍛錬を積んでいたので、校歌、応援歌の指導をするのに特別な緊張感はないつもりだったが、相手は日本一のジャズバンド。「指導をする」と言っても、どのような展開になるのか皆目見当もつかなかった。

すでに楽譜は渡してあったので、いきなり全体練習で曲の練習を始めた。演奏するのは、「紺碧の空」「早稲田の栄光」(学生歌)、そして「早稲田大学校歌」である。

指揮をしてみて秀樹は驚いた。

(これは校歌、応援歌ではない。すべてがスイングしてしまっている)

校歌、応援歌の演奏法というのは、行進曲などに近い。ジャズのようにバウンドしたリズムで演奏するのではない。ところが、そこは日本を代表するジャズバンド。すべてのリズムがバウンドしていた。特に「早稲田の栄光」と「校歌」がどうにもならない。こんなにバウンドしたのを秀樹は今まで聞いたことがなかった。

秀樹は、丁寧にお願いして言った。

「皆さん、これは吹奏楽曲なんです。頭にアクセントがあります。ジャズとは全く逆のリズム感でお願いします。どちらかというと、ほとんどリズムを感じないくらいで吹いてみてください、それくらいでちょうどいいです」

日本一のジャズバンドにこんなことを言ったのは、秀樹しかいないだろう。

練習を重ねるうちに、何とかサマになってきた。秀樹は最後に、

「皆さん、忘れないように。スイングしちゃダメですよ」

とお願いして練習場を後にした。

7　応援アルバイト

早慶戦は終わったが、応援部としての活動は相変わらず忙しかった。

国立競技場での早慶サッカー戦、代々木プールでの早慶水泳などの応援活動、そして七月末の都市対抗野球の応援アルバイトまで毎日を忙しく過ごしていた。

都市対抗野球では、出場企業と契約し、リーダー、吹奏楽団、バトンとも、その企業の応援団として後楽園球場（当時）のスタンドでその企業のチームを応援するのである。当時は各企業とも、この応援合戦には多大な費用をかけていた。各企業の晴れ舞台と言って

もいい後楽園「劇場」だった。

このアルバイトこそが、応援部最大の収入源だったと言っても過言ではない。一試合一人あたりいくら、で契約するのである。どれだけたくさんの企業と契約できるかで、そのときのマネージャーの実力が決まった。

契約した企業が決勝戦までいってくれれば儲けもの。本当に儲かる。

たとえば、ある企業と契約した場合、その会社まで出かけていって応援練習をするのだが、その練習の時点から報酬をもらうことができた。その企業のTシャツまで支給され、社歌や応援歌を演奏し、リーダーもまるでその会社の人間であるかのように指揮台で声を枯らして応援するのである。この年誕生したばかりのバトンも参加した。

試合が複数重なる時には、一日に三試合かけ持ちで応援したこともあった。試合終了と同時にそれまで着ていたTシャツから、次に応援する企業のTシャツに着替える。

契約した企業同士が対戦する時もある。そんな時は慶應などの他大学から人手を借り、人員をやり繰りしたというからすさまじい。もっとも、この都市対抗野球の応援アルバイトは、六大学の応援団、応援部それぞれが請け負っていたので、人員の貸し借りはお互い慣れたものだったという。そういった機会に、他大学の部員との交流も生まれることになる。

契約企業との縁で、その会社へ就職した部員も少なからずいたそうだ。また、契約企業を訪問する際に、社会人としての礼儀を躾《しつ》けられるという利点もあった。

アルバイトの報酬は、個人へ半額還元され、半分は部のものとなった。個人に還元されたアルバイト代は、そのまま合宿参加費に消えたので、結局ほとんどすべてが部に吸い上げられたことになる。

8　応援部夏合宿

八月五日、この年の夏合宿を迎えることとなった。合宿地は鬼怒川《きぬがわ》温泉、宿舎は「鬼怒川温泉ホテル別館」だった。

応援部が合宿地を選定する際のポイントは幾つかあるが、その第一は「交通不便なところ」に尽きる。その昔、合宿から逃げ出した部員がいたそうで、その部員が麓の駅に到着した頃には、すでに追手が待ち構えているというわけである。まるで廓《くるわ》で働く遊女の足抜けのような話だ。もちろん、近代的な早稲田大学応援部では部員が逃げ出すようなことはない。しかし、合宿の間、俗世間から隔離されることは必要である。それは、現在も変わらないらしい。

山の中というのは、リーダーの練習に最適である。山あり谷ありの自然環境で「己に勝つための練習」を存分にすることができた。吹奏楽団にとっても大きな音を出すことができる環境が必要だった。

秀樹は二班の班長だった。この班で、合宿中の食事の給仕などを持ち回りするのである。最終日、お楽しみの納会での演芸会も、この班が主体となる。

秀樹はこの班を「星よりひそかにいつでも夢をの二班」と命名した。吉永小百合のヒット曲からの命名だった。幹部から新人まで、そしてリーダー、吹奏楽団、バトンの部員を合わせ、総勢一三名の班だった。

応援部四年間でこの合宿が一番楽しかったと秀樹は回想する。幹部という立場での合宿は格別な感慨があった。

合宿の一日は、朝の朝礼、校歌斉唱から始まる。校歌は主将の指揮で三番まで、しかも全員応援部員なのだから、しっかりと腕を振り、大きな声で歌わなければならない。どんなに眠くとも目が覚めない部員はいない。「フレー、フレー、ワ・セ・ダ!!」の部員全員によるエールが、鬼怒川渓谷に響き渡った。

校歌斉唱のあとは朝の散歩。と言っても散歩とは名ばかりで、主将を先頭にした「駆け足」である。

散歩から帰ると朝食。全部員約一〇〇名が勢揃いした旅館の食堂は圧巻だった。主将は一人でひな壇に座る。主将の「いただきます」の号令で全員が食事を開始する。食事中、私語は禁止。口に出していいのは「おかわりお願いします」だけだった。食事の間は、食べることに集中するのである。主将が「ごちそうさまでした」と発すると、全員で「ごちそうさまでした～!!」。そこで食事は終了。

そのあとは、午前練習、昼食、昼休みを挟んで午後練習、入浴、夕食、夜練習へと続く。とにかく練習また練習であった。この練習は、リーダー、吹奏楽団、バトン、それぞれに分かれて行われた。

リーダー部員は、新人が初めて迎える試練の九日間である。吹奏楽団は、この年の吹奏楽コンクールに向けての猛練習が続いた。

バトントワラーズは、創設以来、初めての合宿だった。普段の練習ならまだしも、合宿で朝から夜まで「自主練習」をさせるわけにもいかず、責任者の秀樹は困惑した。ＯＧやコーチがいるわけではなく、指導してくれる人間がいないのである。

秀樹は考え抜いた末、宮前主将や永山倫太郎リーダー長と相談して、リーダーと一緒に走らせたり、日によっては吹奏楽団のＯＢに練習を監督してもらった。秀樹自身は、一楽器奏者として吹奏楽団の練習に参加しなくてはならず、バトンの練習を監督できなかったのだ。

最近になって、このときのリーダー下級生は大変だったという話を、秀樹は後輩から聞いた。リーダー部員とバトントワラーズ部員が一緒に走って、リーダー部員がバトンの女子の後に置いて行かれる場面が多々あり、それがリーダー上級生の逆鱗《げきりん》に触れたらしい。近代的な早稲田大学応援部のことであるから、怒ったからと言って殴るなどということはなかったのだが、その代わり、バトン部員よりも遅かったリーダー下級生は、延々と走り込みをさせられたということだ。バトントワラーズ、チアリーダーズの歴史にこのような珍事があったというのは、いかにも草創期らしい。

合宿中のちょうど折り返し中日の午後には練習がない、各班の自由時間が設けられた。秀樹たちの二班は、秀樹の発案で、のんびりとハイキングに行くことにした。

秀樹が普段から可愛がっていたリーダー三年の吉野寿雄君も、同じ二班だった。吉野君とは、「吉永小百合を思慕する会」の大村君などと普段からの飲み仲間だった。彼は、「青島先輩とその周辺の遠州人は、他の人たちとは次元が違いました」と、当時を思い返して言う。

ハイキングの出発に際して、秀樹は道端に落ちていた「横断中」の黄色い旗と風船を竹竿の先に括り付け、二班の「班旗」とした。吉野君が旗手長を務め、全員で「早稲田の栄光」を歌いながら、班旗入場を行った。皆に満面の笑みが広がった。厳しい合宿の中で、ほっと息をつけた瞬間であった。こういったちょっとした心配りは、秀樹が今でも実践していることである。

合宿の練習において、それぞれのパートが一堂に会するのは八月一三日、合宿最終日の「総合練習」。この「総合練習」は、野球の試合を想定して行う。もちろん念頭にあるのは早慶戦だ。

試合開始前のエール交換から始めて、一回から九回まで、各イニングの攻撃であれば、例えばワンアウトから塁に出てチャンスパターン、次の選手のタイムリーで点が入ったと仮定して「紺碧の空」。守備の際には、ピッチャーを励ます「がんばれ○○」なども盛り込んでいく。そして試合終了を迎え、エール交換までやるのである。この「総合練習」を無事に乗りきれば、新人も初めて幹部から褒めてもらえるのである。

この「総合練習」で「人生劇場・口上」は演じていない。時間的な制約もあったが、このときすでに、リーダー幹部の秀樹に対する信頼は厚く、すべて一任のムードだったという。

9　浜松演奏会当日

前年に、第一回の浜松演奏会を開催していたので、この年の演奏会は早稲田大学遠州人会としてもその経験が生きていた。チケットの販売もすこぶる順調。客席に観客が全部入りきれるかとの嬉しい心配をしなければいけないほどだった。

ちなみに、現在の地元校友会組織「遠州稲門会《えんしゅうとうもんかい》」は、このときまだなかった。早稲田大学の校友会組織は、「浜松稲門会」として戦前からあったらしいが、この当時は組織が有名無実化していた。秀樹は浜松稲門会事務局長とおぼしき人物を探し当て、遠州人会の学生として演奏会開催についての協力のお願いに訪問したところ、「会としては全く協力できない」との回答だった。会としての活動がないことがその一番の理由。「事務局長とは名ばかりであり、稲門出身者の名簿すらない」とも言われた。

仕方なく、自分たちで地元の早稲田出身者を一人ひとり探し出し、演奏会開催への協力をお願いして回った。そのような経緯をたどりながらも、遠州人会の学生たちは、演奏会が間違いなく成功するという確信を抱いていった。地域の人たちが「早稲田」にすこぶる好意的だったからである。嬉しい反応だった。

それにしても、地元遠州で早稲田大学校友会組織が活動していないなど、秀樹には信じられないことだった。

このような経験があったからこそ、のちに秀樹が「遠州稲門会」設立にかかわり、その後の会の発展に尽くすこととなる。自分たちが苦労したようなことを後輩たちに味わわせたくない、という思いがあるからだ。さらには、自分が経験させてもらった「浜松演奏会」のような晴れの舞台を、後輩たちに提供してあげたいという気持ちも強い。

八月一四日、浜松演奏会の当日を迎えた。

晴天にも恵まれ、開場時間のはるか前から、浜松市民会館の入り口には多くの入場者が行列を作っていた。

前年の演奏会では吹奏楽団も参加して、浜松市内のメインストリートを、校旗を先頭にして華やかにパレードした。しかし今回、吹奏楽団から参加しているのは秀樹一人である。パレードはない。

パレードはなくとも秀樹にとっての晴れ舞台であることには変わりない。何より、故郷の皆さんに立派になった姿を見てもらえるのである。家族をはじめ、親戚の一族も皆駆けつけていた。

会場の浜松市民会館は、一五〇〇人の観客で溢れんばかりだった。

演奏会第一部は、早稲田大学ザ・ナレオによる洋楽のステージ。ナレオは、設立から長い間、ハワイアンバンドとしてつとに有名だったが、すでにハワイアンのブームは去り、洋楽を専門に演奏するバンドとなっていた。洋楽とは言っても、当時は七〇年代真っただ中。演奏された曲の多くはロック系のハードなものだった。観客は、激しいビートの、時代の最先端をいく音楽に度肝を抜かれた。

第二部は早稲田大学ハイソサエティ・オーケストラによるジャズのステージ。観客は、ハイソらしいスピード感溢れる演奏と、その高い演奏技術、音楽性に酔いしれた。七〇年代はハイソの黄金期。その実力は、名実共に学生日本一、メジャーレーベルから全世界でレコード・アルバムまで発売していた。この日も、ハイソの実力を遺憾なく発揮したステージであった。

秀樹は、ハイソの練習場へ応援歌の指導に行ったことを思い出していた。「よくもこんなすごいバンドに指導なんてことをしたものだ」と一瞬恥ずかしい思いが頭をかすめた。しかしながら、「応援歌については、こちらは専門家だ、引け目を感じることがあるものか」と、すぐに思いを改めた。

のちのことだが、秀樹はハイソの歴史を調べてみて、わかったことがある。

早稲田大学ハイソサエティ・オーケストラが結成されたのは一九五六（昭和三一）年の

ことである。その結成の中心となったのは、実は応援部吹奏楽団を退部した二人だった。この二人は「ジャズをやりたくて」吹奏楽団を一年途中で退部してハイソを結成したのだった。最初に入部した応援部吹奏楽団では、本気でジャズはやれなかったというわけである。

つまり、もともと応援部とハイソとは縁が深い関係だったのである。草創期のこの二人は、実際に校歌、応援歌を神宮球場で演奏していたのである。ただし、バンドとして正式に校歌、応援歌を演奏したのは、六〇年にわたるハイソの歴史においても、おそらくこのときの浜松演奏会しかなかっただろう。

第三部はいよいよ校歌、応援歌のステージである。

司会進行はリーダー三年の吉野寿雄君。合宿で、二班の班旗旗手長を務めたあの吉野君である。

ハイソによる「早稲田の栄光」のメロディーに乗り、早稲田大学校旗の入場から始まった。サックスが多少スイングしていたが、見事な「早稲田の栄光」だった。

校旗入場の姿を、秀樹は舞台袖から見ていた。前年に引き続き、早稲田の校旗が遠州の地に翻っている姿を見て、万感胸に迫るものがあった。夢のような光景だった。校旗がステージに上がると、いよいよ校歌、応援歌ステージの開幕だ。

司会の吉野君。

「ご挨拶代わりにお届けいたしますのは、ご存じ早稲田大学校歌でございます」

なんと、いきなりの校歌。「ご挨拶代わりにお届け」するのは、通常「紺碧の空」か「コンバットマーチ」なのだが、この日はなぜか「校歌」だった。

吹奏楽団が参加していないことによる、構成上の苦肉の策だったのだろうが、最初から波乱含みだ。この日は、応援部として他にも予定があり、部内で手分けして臨んだ浜松演奏会だったので、宮前主将も浜松へは来ていなかった。

代表委員主務の佐々木賢治君がセンターに立ち、「早稲田大学～！　校歌～！」と叫んだ。

ハイソの演奏による、早稲田大学校歌のイントロが始まった。聞き慣れている人間であれば、多少の違和感があったかもしれないが、ほぼ問題なかった。さすがは日本一のジャズバンドだ。スイングをしない演奏で正しく聞かせてくれた。

いきなりの校歌で会場は盛り上がった。

二曲目は「コンバットマーチ」。

司会の吉野君。

「次にお届け致しますのは、『コンバットマーチ』でございます。高校野球でもお馴染みのこの曲は、昭和四〇年、当時の部員だった三木佑二郎さんが作られた曲で、早稲田が本家本元でございます！　よ～くお聞きください」

センターに立ったリーダー二年生。

「必勝を期して～！　コンバット～マ～チ～！」

司会の吉野君。

「♪パカパパパッパパン！　パカパパパッパパン！　パカパパパッパパパッパパパッパパワセダ!!」

「本家本元、よ～くお聞きください」と言っておきながら、お届けしたのは、なんと司会者の「口演奏」だった。宴会ならともかく、このような大規模な演奏会では他に例がないかもしれない。つくづく吹奏楽団の存在の有難さを感じさせる出来事だった。

それでも、吉野君は会場を盛り上げようと必死だった。

大太鼓に合わせて、

「♪パ～カパ～カ、ケイオー倒せ！　オー！」

「口演奏」は三番まで続いた。滑稽とも言えるが本人は大真面目だった。いや、吉野君だけではなく応援部部員全員が大真面目だった。観客が「引いて」しまうかもしれないなどとは誰も考えなかった。曲が終わり「勝つぞ～！　ワセダ」までやり終えた時には、舞台袖にいる秀樹もほっとした。

このときの録音テープが秀樹のところに保管されている。それを聞くたび、当時のことを秀樹は臨場感そのままに思い返す。

再び司会の吉野君。

「あなたの心が躍《おど》り、私の心が躍る名応援歌『紺碧の空』でございます」

トランペットのイントロが見事に響き渡った。さすがだった。ハイソによる見事な「紺碧の空」。秀樹も「指導した」と胸を張って言える演奏だった。そのまま神宮球場でやってもらってもいいと思えるほどだった。

そして、リーダー四年、矢口博行君による「伝統の勝利の拍手」と続いた。

この「勝利の拍手」は、歌舞伎の六方《ろっぽう》の型を取り入れたもので、早慶戦で勝った時にしか披露されない。披露するのは、そのときのリーダー長である。下級生時代からの鍛錬され研ぎ澄まされた技が、見る者を圧倒する。

矢口君はリーダー長ではなかったので、「勝利の拍手」を演じたのはこのときの浜松演奏会だけだったはず。矢口君にとって一世一代の晴れ舞台。見事な「勝利の拍手」だった。

さて、いよいよ秀樹の出番である。

秀樹自身にしても、信じられない思いだった。

「ああ、早稲田の学生として、しかも応援部幹部としてここにいるのだ」

小説『人生劇場』では、辰巳《たつみ》屋を営む青成瓢吉の父瓢太郎が、没落しながらも人間としての意地を通し、最後はピストル自殺をするのだが、瓢吉に宛てた遺書にこうある。

「辰巳屋の家名をあげんことを思うまじきこと。どこへ出ても恥ずかしからぬ男になれば家名を再興したも同じことなり」

秀樹はこの一文を思い出していた。

そこまで大げさでなくとも、瓢吉と自分とを重ね合わせていた。もとより秀樹の家は、瓢吉の実家のように没落したわけではない。なのに、瓢太郎の息子への思いは秀樹の心にも届いていた。

「今から、故郷遠州の皆さんに『人生劇場』を紹介するのだ」

それこそが、ひ弱だった少年時代との決別だと思えた。生まれ変わった姿を披露できるのだ。いわば、秀樹自身の「人生劇場」の開幕だった。

「『男』になるのだ」

吉野君に紹介され舞台中央に立った。スポットライトが眩《まぶ》しい。腕を組み、静かに目を閉じた。頭の中はからっぽになった。

「口上」が溢れるように出てきた。

「早稲田の杜が芽吹く頃……」

下級生時代から、あれほど研究してきた「口上」である。何の迷いもなく、上手く演じてやろうというような欲さえもなかった。

歌の一番の前口上「哀れ　メリーさんは　チンタッタチンタッタ」まで語り切った。通常ならここで伴奏のイントロが入るのだが、この日、吹奏楽団はいない。ハイソも「人生劇場」は演奏予定に入っていなかった。

やむなく、いきなり歌の一番を伴奏なしで歌い始めた。後ろに勢揃いしているリーダー下級生も一緒に歌ってくれた。

「や〜る〜と思え〜ば〜どこま〜で〜やるさ〜……なま〜じ〜とめるな〜夜の雨〜」

そして二番の前口上。

「君見ずや荒川土手の緑……煙は薄し〜桜島山〜！」

朗々と詠じきった。

続いて二番の歌。

「あ〜んな〜女に〜未練は〜ないが〜……」

ここで異変が起こった。伴奏がないので、歌を歌う秀樹と、リーダー下級生それぞれの歌の音程がまちまちになってしまった。これがひどかった。一つに合わせれば良かったの

浜松演奏会で「人生劇場・口上」（1977年）

だが、合わせずに最後までいってしまった。

「……わ〜か〜るものか〜と〜あきら〜め〜た〜」

本当に「あきらめた」感が漂ってしまい、場内には失笑が漏れた。その状況も、録音テープのおかげで細部にわたって確認することができる。

ただし、演じている本人は集中していた。引き続き間髪入れず三番の前口上。

「頃は大正の末年……」と続けた。

「……帰り来たりしは、音にも聞こえし、吉良常《きらつね》なり！」

三番の歌。

「時世《ときよ》〜時節は〜変わろ〜と〜ままよ〜……義理と〜人情の〜この世界〜」

三番は音程が合っていた。

そして四番の前口上。

「ああ夢の世や、夢の世や……」

「……いとなつかしき父母や、十有余年がその間……故郷の……」のくだりでは、本当に瞼の裏に故郷の情景が浮かんだ。

そして、

「……学びの庭は早稲田なり！」で「口上」は完結。

四番の歌。

「端《はした》〜役者の〜俺で〜は〜あるが〜早稲田に〜学んで〜波風受けて〜行くぞ〜男の〜この花道を〜人生劇場いざ序幕〜」

歌い終わると、割れんばかりの拍手だった。

このときには、二番の「あきらめた〜」感は秀樹本人には全くなく、「やり切った」感の爽快さのみだった。

それから四〇年近くも経て、そのときのテープを冷静に聞く自分がいようとは……。それどころか、爾来《じらい》、秀樹の人生において、ずっと「人生劇場」を語り続けることになろうとは。

応援部ステージ、最後の曲は「早稲田の栄光」。「校旗入場」のときは演奏のみだったが、これは全員で歌う「早稲田の栄光」である。

指揮は吉野君が務めた。「やり終えた」後で歌う「早稲田の栄光」は、格別なものがあった。

こうして、この年の「早稲田大学浜松演奏会」は、「無事」と言えるかどうかはともかく、盛会のうちに幕を閉じた。

秀樹にとって特別な経験であったが、この経験があったからこそ、後輩たちにも同じ感動を経験させてあげたいと思うようになった。

秀樹は、このときの「人生劇場・口上」が録音されたテープを、最近になってじっくりと聞いてみた。さすがに随分「若い」。二一歳なのだから「若い」に決まっているのだが、その後四〇年近くも語ってきた「現在」からすると、いかにも未熟に感じられる。詞章も棒読みに近い。今だったら、もっと思いを込める部分が随分早口だ。「わが胸の〜」の詠じ方も、今の秀樹にはもの足りないと感じられる。

しかしそれでも、若者なりの「人生」がそこにある。だからこそ、当時の秀樹の「人生劇場・口上」は支持されたのだろう。テクニックだけではなく、「口上」を語るには「若さ」も必要なのだと秀樹は痛感した。そしてまた「若さ」には「希望」や「挫折」がつきものである。

若き日の自分自身に、秀樹は教えられた気がした。

10　吹奏楽コンクール

浜松演奏会が終わると、他の応援部リーダー部員は、引き続き演奏旅行のため名古屋へ向かったが、秀樹は一人東京に戻った。吹奏楽団に合流して、追い込み練習をしなくてはならなかったからである。九月三日が吹奏楽コンクールの本番だった。

コンクールの課題曲は「吹奏楽のためのバーレスク」（大栗裕作曲）、自由曲が「歌劇『ボリス・ゴドノフ』より戴冠式の情景」（ムソルグスキー作曲）。どちらも難曲だったが、特に「ボリス・ゴドノフ」は、壮大な戴冠式の情景を描写した音楽だけに、トランペッ

全日本吹奏楽コンクール

ト・パートに多くの負担を要求する難曲中の難曲だった。

どうしてこんな曲を選んだのか、秀樹は指揮者の斉藤君に聞いてみたい気もしたが、それだけトランペットに期待もしているのだろうと察した。日頃、神宮球場で奏でている早稲田大学応援部吹奏楽団の音色が、この曲にマッチしているのだろうとも思えた。

浜松演奏会での「人生劇場」の感慨にふけっている場合ではなかった。吹奏楽団のプレーヤーとして、本番に向けて精一杯の練習をしなくてはいけない。吹奏楽団責任者である前に、トランペット・パートのパートリーダーでもあった。何とかこの難曲を吹きこなさなくてはいけない。残り少ない大学四年の夏の日々は、すべて吹奏楽への情熱で消化された。

九月三日、第二五回全日本吹奏楽コンクール東京都大学予選が江東公会堂（現、ティアラこうとう）で開催された。

都内の大学吹奏楽部で、長い間抜群の実力を誇っていたのは、中央、駒沢、東海といった大学だった。我が早稲田だけでなく、東京六大学の各応援団・部に所属する吹奏楽部（団）は、本職が野球などの応援であり、吹奏楽自体をじっくりと煮詰める余裕がないのが悩みだった。これは現在でも同じことであろう。

チアリーダーズにも同じことが言える。チアの全国大会で毎回優勝をさらうのは、「実際には応援などしていない」大学のチアや女子大のチアばかりである。そういう大学では、チアの技術だけを本職として追究すればよいからだ。早稲田のチアは、実力的には大学日本一になれるものを持っていても、いわゆる「応援」活動が本職であるために、技術的な部分で今一歩及ばないことが多い。

吹奏楽コンクール予選を勝ち抜くためには、吹奏楽を本職としていなければとても無理なことであろう。

早稲田大学応援部吹奏楽団がコンクールに出場したのは、一九五二（昭和二七）年の吹奏楽団結成以来、二五年間でわずか四回だけだった。過去四回での最高位は「銅賞」。もちろん銅賞でも大したものである。しかし、「金賞」でないと全国大会には行けない。吹奏楽団の歴史の上で五回目の吹奏楽コンクール出場となったこの年、コンクールという舞台で演奏するのは、部員全員が初めてのことであった。

本番前には緊張感が漂った。ただし、極度の緊張感には包まれなかった印象が秀樹にはある。おそらく、音楽団体というよりは、応援部として実践の場で何度も演奏した経験があったからであろう。

さて、肝心の演奏であるが、課題曲は何とか無難に演奏できた気がした。ただし、他の大学はもっと上手い。「自由曲で勝負だ」と、指揮者の斉藤君も吹奏楽団責任者の秀樹も、部員に語りかけた。

難曲であるが故に、成功したときの効果は計り知れない。ハイリスク・ハイリターンの典型のようなものだ。そのつもりで、秀樹も楽器に魂を吹き込んだ。後になって、「あれだけの演奏をしろ」と言われても、この時の演奏を再現するのは無理だと思えるほどのできばえだったという。結果がどうであろうと「やり切った」という思いは、部員全員で共有していたのではないかと秀樹は思っている。

結果は「銅賞」だった。しかし、価値ある「銅賞」と、部員全員で喜び合った。東京六大学応援団連盟所属の他校吹奏楽部もこのコンクールに出場していたが、銅賞どころか賞はもらえなかった。

秀樹自身は、下級生時代は奏者として全く使い物にならなかった自分が、四年生になって、ここまで成長することができた感慨で一杯だった。

秀樹が卒部した翌年も吹奏楽団はコンクールにチャレンジしたが、やはり銅賞。再びコンクールに出場したのは、それから五年後の一九八六（昭和六一）年のこと。この年も銅賞だった。念願の「金賞」を受賞したのは、一九九一（平成三）年のことである。これは実に快挙と言うべきだろう。

吹奏楽団に対する評価は、今は「上手い」というのが定評であるが、そういう尺度で計れば、秀樹のときの吹奏楽団の実力もそう捨てたものでもないと、秀樹は内心思っている。

11　見付天神裸祭

コンクールも終わり、秋の六大学野球が開幕した。対東大戦が終わり、秀樹は一度帰省した。一足遅れの夏休みという感じだった。しかも、翌週には地元の「見付《みつけ》天神《てんじん》裸《はだか》祭《まつり》」

が控えていた。
　この年、秀樹は車の免許を、東京五反田にあった教習所で半年かけて取得していた。そんなに時間を要したのは試験に受からなかったからではない。教習所に行く暇がなかったのだ。仮免許も本免許も学科もすべて一発合格だったし、教習自体も最低限の時間数だった。優秀な教習生だったのだが、なかなか通う時間がなくて、その結果、半年もかかってしまったのである。

　たまたまこのとき、磐田の実家ではフォルクスワーゲンのビートルを所有していた。いわゆる「カブトムシ」。これを借り出して、一度東京に戻りドライブがてら大村君を乗せて磐田へ戻り、天下の奇祭と言われる「見付天神裸祭」に二人で参加することにした。

　秀樹の生まれ育ったのは、現在の磐田市見付である。見付は、旧東海道の二八番目の宿場町として栄え、さらに古くは、八世紀の天平時代に国分寺が築かれ、遠州地方の国府として賑わった地でもある。

「見付の裸祭」というのは、見付にある矢奈比賣《やなひめ》の天神社の神様が、年に一度神輿《みこし》に移され、遠江国《とおとうみのくに》の総社である淡海《おうみ》国玉《くにたま》神社へ渡御《とぎょ》する際に行われる祭りで、渡御に先立ち裸の群衆が町中を練り歩き、拝殿で乱舞することからそう呼ばれている。現在は、国の重要無形民俗文化財にも指定されている「天下の奇祭」である。

秀樹は、子供の頃から現在に至るまで、毎回欠かさずこの裸祭に参加し続けている。大村君の出身地も同じ磐田出身であるが、遠州灘に面した掛塚《かけつか》というところ。掛塚は海運業で栄えた街である。祭りも見付の裸祭とは違い、笛や太鼓で屋台を引き回すという風流なものである。

実家でカブトムシを借り出し、九月一八日の金曜日には東京へ自分で運転して戻った。一九日土曜日、高田馬場で大村君を車に乗せ、再び磐田見付へ向かおうとしていた。

このとき、大村君が言った。

「せっかくだから高田馬場駅前のロータリーを一周してから磐田へ向かおうぜ」

「了解、了解」

二人を乗せたカブトムシがロータリーを回ろうとしたそのとき、ロータリーに沿って歩いている一人の学生服姿の男が目に入った。リーダー三年の加藤一夫君だった。

公衆電話ボックスが一五台ほども並んでいるその前を歩いている加藤君の横にカブトムシを寄せると、運転席の秀樹が声をかけた。

「おい、加藤じゃないか」

「あ、青島先輩。ちわぁぁぁ。あ、大村さんも」

「どこ行くんだ」

「はあ、下宿に帰るところです」

「そっか～。今週は野球の応援ないしなあ。んじゃ、クルマ乗れよ」

「乗れって、どこ行かれるんですか」

「今から静岡県の磐田の実家へ帰るんだ。乗ってけよ」

「自分は下宿へ帰るとこなんですが」

「明日日曜だし、うちの祭りに出してやるから乗れよ。明日中には東京へ戻れるから」

「はあ、しかし、何の支度もないのですが」

「支度なんていらねえよ。乗ってけよ」

「しかし、何の準備も……」

「面倒くせえ奴だなあ。準備なんていらねえから乗れよ」

「はいぃぃ。どうもごっつぁんです」

　カブトムシの助手席のドアを開け、シートを倒し、狭い後部座席へ学生服姿の加藤君を押し込んだ。


　秀樹が加藤君に初めて会ったのは二年生のときだった。高田馬場駅前から早稲田へ向かう学バスの中だった。後からバスに乗り込んできた学生の中に、見知らぬ学生服姿の男が一人いた。

一緒にいる学生と話している声が耳に入ってきた。

「おれよう、昨日応援部に入部したんだぜ」

「お、加藤すごいじゃないか」

「わかるろう。そうろう（わかるだろう、そうだろう）」

加藤君は、新潟訛りで会話から「だ」が抜ける。

「応援部」と聞こえたので、秀樹は声をかけた。こちらも学生服だった。

「応援部だって？」

「はい」

「俺、応援部吹奏楽団二年の青島だけど」

「ちわぁぁ！」

「昨日入部したって、リーダー新人？」

「リーダーでございます。学部は二年生でございますが、新人扱いです〜」

「そりゃ、当然新人だよな〜」

早稲田大学応援部では、学部何年生であっても、応援部に入部した最初の年が新人となる。したがって、学部二年生で入部した者が「幹部」になりたければ、学部五年生まで

「進級」しなければ、その夢は果たせない。中には学部三年生で入部してくる者もいるが、応援部では当然新人であり、学部四年で卒業した場合は、応援部二年で卒部ということになる。

バスの中で、いろいろと加藤君に尋ねてみると、一浪しての学部二年生ということもわかった。となると、秀樹よりも年上である。しかも学部の学年は同じ二年生。しかし、応援部では鉄の掟が存在した。加藤君は、秀樹にとってはあくまでも下級生だった。

この加藤君、応援部に入部後は驚異の体力、筋力、身体能力を誇った。腹筋もウサギ飛びも、他の追随を許さなかった。腹筋なんて、「加藤は無限大にやれる」と上級生が舌を巻くほどだった。上半身はまるでブルース・リーのような鋼の筋肉美の男だった。まあ、見た目もブルース・リーに似ていた。加藤君の新人時代の自己紹介。

「ちわぁぁぁぁぁっ！　わたくし新潟県東蒲原郡上川村大字豊川甲○○の○。新潟県立新津高等学校出身！　早稲田大学政治経済学部政治学科二年早稲田大学応援部リーダー新人、加藤一夫と申します。どうぞよろしくお願いいたします！　したあぁっ！　失礼しま～すっ！」

早稲田大学応援部の自己紹介では、通常出身地など言ったりはしない。しかし、加藤君は必ず実家の住所を付け足した。一九七五年当時でも、住所に甲などがつくことはもう少なかった。住所を聞いただけで、かなりの田舎だということが想像つく。

腕まくりをして（時には上半身裸になって）上腕二頭筋を出し、「演芸やらせていただきま～す！」

早稲田大学第一応援歌「紺碧の空」を歌いながら、イントロからそのリズムに合わせて上腕二頭筋をピクピク動かした。

「♪パカパーン　パカパーン　パカパーンパンパンパンパンパーカーパーカーパンパンパンパーカーパン　紺碧の空～」

曲に合わせて加藤君の上腕二頭筋がピクピク上下に大きく動く。見ている方は抱腹絶倒。抜群の身体能力を誇る応援部リーダー部員の中でも、この芸ができるのは加藤君しかいなかった。


その加藤君を乗せたカブトムシは、三時間ほどかけて、夕方前には磐田見付へ無事到着した。カブトムシの後部座席はかなり狭く、天井に頭がつくほどであり、しかもクーラーもあまり効かなかったので、学生服姿の加藤君には少々つらい三時間だったろう。無口になった加藤君は、これから起こるであろうさまざまなことに思いを馳せていたのかもしれない。

秀樹の実家では大歓迎であった。

学生服姿で何の支度もしてなかった加藤君、

「応援部で青島さんの一年後輩になる、リーダー三年の加藤一夫と申します！」

秀樹の命令で、加藤君も「裸祭」に参加することになった。裸祭に参加する装束を、加藤君の分も急遽用意してもらった。

近代的な早稲田大学応援部では、上級生の言うことに絶対服従というわけではないが、まあ、そりゃ楽しい「祭り」くらいは付き合ってもいいではないか、と秀樹は当然のように命じた。

「裸祭」は、文字どおり裸になって晒《さら》しの褌《ふんどし》を巻き、その上から藁《わら》で編んだ腰蓑《こしみの》を着け、町中を練って歩くのだが、その練りが始まるまでは各家庭で大宴会である。

秀樹の実家でも、飲めや食えやで大村君と加藤君を接待した。宴も盛り上がり、ついには、加藤君得意の上腕二頭筋による「紺碧の空」も飛び出した。初めて見る加藤君の芸に一同最初は声も出なかった。が、次の瞬間大笑い。笑いすぎて涙まで出てくる。絶品芸だった。

夜九時に近づいた頃、秀樹と加藤君の二人で裸祭に参加する支度を始めた。大村君は、元より掛塚の人間であって、同じ磐田でも見付の祭りに参加する気はなかった。

「青島先輩〜、褌ってどうやって締めればいいんすか」

「じゃなく、いいんでしょうか」

この頃にはかなりの酒が加藤君にふるまわれていた。

「お前さあ、新潟出身なのに褌も締められないのかよ〜」

「先輩〜、新潟じゃなくったって今どき褌締める奴なんていないっすよ〜」

「そりゃそうだよな。まず晒しの端を口にくわえて、大事なところを包んで後ろに回すんだよ」

「おっ、なるほど、勉強になります〜」

晒しを締め込んで凛々しい褌姿の若者が二人できあがった。そして黒足袋を履き、本物の草鞋《わらじ》を履くのである。当時であっても、本物の草鞋を履くお祭りというのもなかなかないだろう。

「草鞋って、どうやって履くんすか〜」

「こうやって、草鞋に藁の端を引っかけ、ちょちょいのちょいでできあがり」

「お〜〜勉強になります〜」

気分はまるで関ヶ原の合戦に向かう足軽の侍のようであった。

「えっさ〜おいさ〜」

「えっさ〜おいさ〜」

二人で肩を組み練りの集団の中に突入していった。

「おい、加藤、肩ぐるま」

「はいぃ〜！」

大の男を肩車するのは、普通でもなかなか大変なことである。しかも裸祭では、上に乗った人間が「えっさ〜おいさ〜」のテンションで踊りまくるのであった。足元はびしょ濡れで滑りやすい。裸祭に長年参加している秀樹も肩車してもらうのは初めてだった。応援部随一と言われる筋肉人間の加藤君だったから、軽々とできたことである。

裸祭では、見付の隅から隅までこの道中練りをしていき、最後は見付天神の拝殿に突入して、拝殿

磐田見付の裸祭で、加藤一夫君（下）と

内で「鬼踊り」と言われる数千人の裸の男たちの狂喜乱舞した練りが延々と続けられる。深夜になり、その拝殿内から矢奈比賣《やなひめ》の神様を乗せた神輿が出発する。その際には町中の灯りが一斉に消されて、漆黒の闇の中を淡海国玉《おうみくにたま》神社に向けて神輿が走り抜ける。これを「お渡《わた》り」と言う。

要するに、年に一度女の神様が男の神様のところへお泊りに行くのだ。それが目出度《めでた》いので、裸の男衆がお祝いしながら付き従うのである。そして、肝心の神輿に乗った神様が出発する際には女の神様が「恥ずかしいから見ないで」という理由で町中の灯りが消されるのである。

この様式で一千年以上伝えられてきたことは奇跡とも言える。腰蓑を着けたその姿は明らかに南方系の風俗である。淵源は縄文時代まで遡れるのではないかと思えるほどである。

神様の「お渡り」までは、いわゆる道中練りと拝殿内での「鬼踊り」である。その間数時間も練りを続けなければいけないのだが、二人ともかなり酔っていた。加藤君は、秀樹を肩車していたせいもあり、相当に酔いが回っていた。

練りの集団から一旦抜けた二人は、一息つき、二人で肩を組み、また練りの集団に参加しようとしていた。肩を組んだ二人。

「えっさ～おいさ～。えっさ～おいさ～」

そのときだった。今横で肩を組んでいた加藤君が瞬間消えた。いや、消えたわけではなく、後ろに吹っ飛んでいたのだ。秀樹が振り向いた。

「おい、加藤!!」

仰向けになった加藤君。

「やられました～！」

「やられたって、どうしたんだ」

「殴られました～！」

あたりを見回しても、そのときにはもう、加藤君を殴った者はどこにもいなかった。

「大丈夫か」

「痛いっすよ～。痛いっすよ～」

暗くてよくはわからなかったが、加藤君が手で覆っている右目のあたりが血で滲んでいた。

加藤君を抱き起すと、近くにあった親戚の家へ担ぎ込んだ。

親戚の叔母さん。

「どうしたの！」

「殴られたらしい」

「どれどれ」

加藤君の手をどかすと、右目を囲むように大きくアザができ、右目瞼の上がぱっくりと切れて血が滴り落ちていた。

「目がやられた訳じゃないし、大したことないから、ガーゼ貼っとくよ」

加藤君。

「いや自分、ダメです〜〜」

「これくらい大したことないよ〜。大丈夫だよ〜」

「血ですよ〜！　自分、血を、血を見たらダメなんです〜〜」

そう言ったが最後、白目を剥き意識を失ってしまった。

加藤君は、どれだけ筋肉を誇っても、血の一滴も苦手な男だった。見ると、上腕二頭筋だけでなく、両手両足が、まるで解剖されたてのカエルのようにピクピクと大きく痙攣していた。加藤君はしばらく気絶していた。よれよれになった加藤君を連れ、秀樹の実家へ戻った。

もうお祭りどころではなくなってしまった。実家へ戻ると皆が驚いた。

祭りのクライマックスである「お渡り」まではまだ随分時間があった。しかも、皆が目にしたのは、右目を大きくガーゼで覆い憔悴しきった加藤君の姿だった。

秀樹は事情を説明した。どうして殴られたのか全く不明だったが、ちょうどそこを通りかかった人間に、喧嘩を吹っかけたようにとられたのではないだろうか。まあ二人ともかなり酔いが回っていたせいもあったのだろう。いわゆる「調子に乗っていた」というヤツである。そう取られても仕方がなかったかもしれない。

昔から裸祭では喧嘩がつきものだった。気が立っているせいもあるだろう。「お渡り」のときに、電気を消し忘れて、殴り込みにあった家すら数多くあるという。

秀樹の実家に入り、風呂に入れてもらい、出してもらったパジャマに着替えるとだいぶ加藤君も落ち着いた。顔の右半分も覆おうかというくらいのガーゼを貼った加藤君は、少しは元気を取り戻していた。

「いや〜、ほんとびっくりしましたよ。いきなりパンチが飛んできたんすよ、暗闇の中から。どんな奴かもわかりませんでした」

差し出されたビールを片手に、当時の様子が語れるほどになっていた。

それにしても、加藤君にとってはとんだ災難である。あのとき、高田馬場を歩いてなければ、こんな目には遭わなかった。

このときの傷は、今でも加藤君の瞼の上に残っているという。

12　浜名湖のアサリ採り

裸祭の翌日は日曜日だった。三人はドライブを兼ねて浜名湖へ出かけた。

浜名湖は鰻の養殖で有名だが、厳密に言うと養殖は湖畔に掘られた養鰻池で行われている。

今から五〇〇年前ほど前の一四九八（明応七）年、大地震と高潮により浜名湖南側の砂州が決壊して外海と通じ、浜名湖は汽水湖（海水と淡水の混合した水からなる湖）となった。海水と淡水が混じり合い、栄養素分に富むため、日本で最も多くの魚介類や藻類が生息しているという。海苔やカキ、すっぽんなどの養殖が広く行われている。風光明媚、全国でも屈指の観光地である。

加藤君は海に近い新潟の出身だったので、明るく風情ある浜名湖の情景、そして雄大な太平洋の景色は新鮮に映ったらしい。

翌日になっても、加藤君の右顔面には大きなガーゼが貼られたままだった。それにもかかわらず、さほど痛々しそうには見えなかったというが、それは加藤君の持って生まれた根の明るさによるものだったのだろう。その加藤君に、自分たちの故郷、遠州の景色を見

裸祭の翌日、加藤君の顔面にはガーゼが（左は大村君、右が秀樹）

せたいと秀樹と大村君は思ったのだった。

三人を乗せたカブトムシは、浜名湖東岸の村櫛《むらくし》海水浴場に到着した。浜名湖の内海に面した、夕日が絶景の海水浴場である。

この海水浴場の特色は、いわゆる砂浜とか砂利浜の類がないこと。護岸の防潮堤の上に、一〇軒余りの「海の家」がずらっと並んでおり、そこから水の中に入るためには、防潮堤に架けられた高さ二メートルほどの鉄梯子を降りなければならない。鉄梯子を降りると、そこはいきなり大人の胸くらいまでの深さの水面。それが村櫛海水浴場である。

子供にはいきなり足がつかない。砂浜で波打ち際がある海水浴場しか知らない子供たちには、恐怖の海水浴場だっただろう。

ただし、内海なので打ち寄せる波はない。いたって穏やかな湖の中を進むと、沖合い三〇〇メートルくらいまでずっと遠浅の湖が続く。当時は人気がある海水浴場で、呼び込みのお姉さんお兄さんまで出て海の家も大賑わい、至る所でカラオケの歌声が聞こえていたという。

ただし、このときはすでに九月に入っていたので、海の家は店じまいしており、夏の間の喧騒が嘘のように静まり返っていた。

駐車場にカブトムシを止め、三人はポンプでボートを膨らまし始めた。大人二人が乗れるくらいのビニール製ボートなのだが、その昔の日本海軍の歴戦の名空母にあやかり「飛龍」と命名した。「飛龍」を持ってきたのは、ボートで遊ぶためではない。海水浴のためにここへ来たわけでもなかった。怪我をしている加藤君は海水浴ができるはずもない。

目的はアサリだ。村櫛海水浴場へやってきたのは潮干狩りのためだったのである。三人は、採ったアサリを、「飛龍」に蓄えようというのである。

普通はバケツなどを使うのだろうが、この村櫛海水浴場は、どこで潮干狩りをしても、必ず肩くらいまでは水に浸からなくてはならない。そういう場合、ビニールボートは大変便利であった。流されないようにボートに括りつけたロープさえ持っていれば、採ったアサリをビニールボートの中へどんどん放り込める。

近年、浜名湖はアサリが不漁で、浜名湖名物の「観光潮干狩り」も中止になっているが、この当時はまだまだ豊作だった。この村櫛海水浴場には、「潮干狩り場」と言えるほどの客が押し寄せていた。海水浴場なのに、アサリが採れるところとして有名だったのだ。

膨らんでボートの形になった「飛龍」を秀樹と大村君が持ち、鉄梯子を降りた。片目しか見えずに足元がおぼつかない加藤君も無事に降りることができ、三人は湖に入った。

「飛龍進水！」の号令と共に、ビニールボート「飛龍」は、無事浜名湖に浮かんだ。

三人は、岸壁から五〇メートルほど湖の沖へと進んでいった。水深はずっと胸くらいまでで、急に深くなったりはしない。九月上旬の浜名湖。村櫛の水はまだまだ温かかった。遠浅なので、熱が蓄えられて、肩まで浸かればまるで温泉のようである。

「ここら辺にしようか」

大村君の合図で、三人はアサリを拾い始めた。何も道具は使わない。湖底の砂の中へ手を突っ込み、ぎゅっと握ればそれでアサリが採れるのである。

右顔面をガーゼで覆われた加藤君は、顔の右側を水に浸けないように、左手で湖底を掘った。

「おお、すごいっすよ〜。これ、石だと思ったらみんなアサリっすよ〜。砂よりアサリの方が多いっすよ〜」

誇張ではなかった。握った手の中にはアサリがいっぱいだった。面白いように、次から次へとアサリが採れた。

知らない人が見れば、異様な光景だろう。三人が肩まで水に浸かり、頭だけ湖面に出し、首をかしげているのだ。傍らにはビニールボート。これが「潮干狩り」の光景とは、とても信じられないだろう。

三人とも、水面に顔だけ出し黙々とアサリを掘り続けた。「飛龍」は、小一時間ほどでアサリでいっぱいになった。これ以上は積めない。

潮干狩りが好きな人でも、こんなに簡単に、しかも大量にアサリが採れることなど、想像もつかないであろう。アサリ満載の「飛龍」を、三人は岸まで曳いていった。これは楽だった。もしこれがバケツだったらさぞ重かっただろう。

ただし、ここからが大変。アサリ満載の「飛龍」を持って鉄梯子を上らなければならない。足元のおぼつかない加藤君が先に上がり、「飛龍」の舳先を持った。あとの二人が下から持ち上げていく。実際に持ってみると、アサリ満載の「飛龍」は、想像以上の重さだった。

「おお、これは重い〜」

「気をつけてくださいよ〜。傾くとこぼれますよ〜」

そう言われても、あまりの重さに「飛龍」は傾く。かなりのアサリが湖中にこぼれた。

それでも、二メートルの鉄梯子を上《のぼ》りきって「飛龍」の中を見ると、こぼれたとは言え、まだまだアサリは満載だった。

「こんなにたくさんのアサリ、どうするんすか〜」と加藤君。

「まあ、掛塚の実家へ持っていくか」と大村君。

カブトムシに大漁のアサリを積み込み、村櫛海水浴場を後にした。

大量のアサリを持ち帰った大村家では大いに驚かれた。

「こんなに食べきれやへんに〜」と、大村君のお母さん。その大量のアサリをその後どうしたのかは、定かではない。

13　早稲田大学浜名湖大水練潮干狩大会（浜名湖ツアー）

このときのアサリ大漁は、一九八二（昭和五七）年から年に一度、大村大会会長、青島受入委員長として、全国早稲田学生会連盟OBや応援部OB・野球部OBなどが浜名湖に集《つど》った伝説の「浜名湖ツアー」へとつながっていく。

この浜名湖ツアーは、正式には「早稲田大学浜名湖大水練潮干狩《しおひがり》大会」と名づけられていた。「大水練」とはいうものの、要は二日間にわたり浜名湖でアサリを採り、ひたすら鰻を食べるというイベントである。毎年七月の終わり頃の週末に、二日間にわたり開催された大会である。

毎回二〇～三〇人ほどが全国から浜松に集結していたが、多いときには五〇人を超えたこともあるという。便宜上、浜松受入本体、東京本体、大阪本体と分けた。それほど全国各地から早稲田のOBたちが集まってきたのであった。

その移動のための車の手配、宿舎の手配、鰻の手配など、秀樹は受入委員長として、二〇年あまりにわたりこの大会を開催していくこととなるのだが、その始まりが、このときの三人での潮干狩りだったのである。

浜名湖ツアーには、数えきれないほどの逸話が残っているが、その中のいくつか。

政令指定都市浜松市の市議会議長にもなった花井和夫君は、早稲田で秀樹の五年後輩にあたる。遠州稲門会でも長い間苦楽を共にした同志だ。現在は、秀樹が早稲田大学校友会静岡県支部幹事長、花井君が事務局長という関係である。

二回めの浜名湖ツアーとなる一九八三（昭和五八）年当時、二人は同じ会社に勤めていた。二人は会社のスズキ・ジムニーに乗り、浜松駅へ全国から集まったメンバーを迎えにいった。

この年の参加者は十数人。スズキ・ジムニーには乗りきれないので、地元の早稲田後輩を中心に数台の自家用車を手配してあった。浜松駅前には参加者が分乗するための自家用車が勢揃いした。一路浜名湖へ向けて出発。先頭をきるのは、ソフトトップを取り払いフルオープンになったスズキ・ジムニーである。

ボンネットには早稲田の旗をガムテープで貼り付け、カーステレオで「紺碧の空」を大音量で流した。炎天下のオープンカーは、日射病で倒れそうなほどだったという。

しかし「パカパーン　パカパーン……」と「紺碧の空」前奏曲が流れると、二人とも真夏の太陽のことは忘れた。スピーカーから流れる大音量の「紺碧の空」に合わせて歌った。

「こ〜んぺき〜のそ〜ら〜……♪」

頭上には灼熱の太陽が輝いていた。

「青島さん、最高ですね。まるで浜松演奏会のパレードみたいです」

そう言う花井君の顔は真っ赤で、汗が滝のように滴り落ちていた。

秀樹が四年生のときの浜松演奏会では、吹奏楽団不参加により、浜松市内のパレードがなかった。確かにパレードをやっているような感じだった。スズキ・ジムニーを先頭に、数台のクルマが連なっていたからだ。

花井君は、地元浜松市積志《せきし》地区（現、東区）のお祭りでは伝統の「手筒《てづつ》花火」の「花火師」として活躍していたので、浜名湖ツアーにおいても、夜空を彩る「浜名湖ツアー大花火大会」の花火委員長だった。

昼に採ったたくさんのアサリを遠州灘の海岸に運び、流木で火を起こし、鉄板で豪快に炒めて食べた。その際に、花火問屋から買い付けた大量の花火で「大花火大会」を催したのだった。

遠州灘海岸は、太平洋とその海岸線に沿って砂丘がどこまでも続く雄大な海岸である。そのロケーションを生かして、ドラマや映画の撮影などもよく行われる場所だ。夜になれば人はいない。どんなに騒いでも迷惑をかけることはない。

夕暮れが迫る頃、全員で火を囲んで、「紺碧の空」を歌った。「早稲田の栄光」も。「早稲田大学校歌」は、花火大会が終わってからのお楽しみだった。

大村大会会長が合図する。

「花火、打ち上げ始め～！」

砂浜にずらっと並べ、槍衾《やりぶすま》のようになったロケット花火に次から次へと点火していくのだ。

ヒュイ～ン　ヒュイ～ン　ヒュイヒュイヒュイ　パパ～ンパパ～ン……。

「次は打ち上げ花火点火～！」

同じく砂浜にずらっと並べた打ち上げ花火に次々と点火していくのだ。花井君の花火師としての本領発揮である。また彼は、打ち上げ花火を手に持ったまま打ち上げることができる本当の花火師でもあった。

シューパーン　シューパーン……。

降りかかる火の粉も花井君には何ということもない。

目の前には、ロケットやら打ち上げやらが乱れ飛ぶ、信じられない光景が広がっていた。東京からやってきた後輩たちは狂喜した。

「青島さん、東京じゃやりたくたって花火なんてできませんよ～」

確かに、東京では線香花火くらいしかできないだろう。

磐田市掛塚の、太平洋を望む海岸に「竜洋富士」と呼ばれている人工の山がある。海抜一八メートル。三六〇度の大パノラマで太平洋を見渡せる。何回目かの浜名湖ツアーの際、「竜洋富士」へ登頂したときのことである。

大村君と秀樹が命じた。

「誰か演芸やれい」

上級生の特権である。

参加者の一人、現役学生の八鍬君。

「私、僭越ではございますが、自己紹介させていただきます。私、静岡県立浜松北高等学校出身（名門！　とかけ声）早稲田大学教育学部三年、早稲田大学遠州人会本年度幹事長を務めます八鍬晴康でございます」

大きな声で自己紹介したが、そこまでだった。そのあとの演芸がない。

早稲田大学応援部において「自己紹介」というのは、引き続いての一芸を見せるためのものである。しかし一般の学生では、一芸などあるはずもない。

「おい、芸はないのか」

「芸はございませんが、気合いをご披露いたします！」

言うやいなや、彼は竜洋富士の頂上から横向きに転げ落ちた。

標高一八メートルだから、斜面は三〇メートルほどもあっただろう。そこをごろごろと回転して転げ落ちたのだ。「芸」とは言えない代物ではあったが、居合わせた全員抱腹絶倒だった。

八鍬君は、このときの殊勲大なりということで、先輩たちの推挙により、翌年の全国早稲田学生会連盟委員長に就任することとなった。就活の際に、そういった学生時代の活躍をウリにして、某一流銀行に就職することができたという。人生何事もチャレンジといういい見本であろう。


浜名湖ツアーでは二日間にわたる日程の中で、到着した日の昼食が鰻、夕食も鰻と徹底していた。翌日の昼食まで鰻にしたこともある。

やはり全国早稲田学生会連盟委員長を務めた一学年上の鈴庄一喜（現、早稲田大学理事）先輩が浜名湖ツアーに参加した際の二日目。

「おい、青島、鰻なぁ、確かに美味《うま》い。美味いけどなぁ、わしゃいいかげん他のもの、例えばマックが食べたい」

この一言に全員が驚いた。

その鈴庄先輩が、鰻を食しながら詠んだ一首。

名にしおう　浜名の岸の夕暮れに　鰻の苦労いたく多《た》とする

その後に続けて、彼はこう言った。

「そりゃ、これだけ（多く）の連中（に対処しなくてはならず）で、鰻も苦労するゼ」

秀樹は、これこそ浜名湖ツアーの神髄と言える名歌だと思った。

第六章　早稲田大学四年生後期

1　「人生劇場・口上」の錬磨

話は一九七七（昭和五二）年九月に戻る。

怪我を負ったとは言え加藤君も、秋のリーグ戦の最中の息抜きとなったであろう。加藤君は、リーダー三年だったので、実際の応援活動はもちろん、普段の練習においても、気の抜けない日々が続いていた。

そういう意味では、この裸祭と潮干狩りなどは、加藤君にとってもほのぼのとしたひと時であったのではないかと、秀樹は思う。顔右半分を覆っていたガーゼも、東京に戻り一週間ほどで取れていた。傷自体は大したものではなかったのだ。それでも、傷跡は今も残っている。

加藤君は顔の傷跡を見るたびに、あのときの裸祭と潮干狩りを思い出しているだろうと秀樹は想像する。出血のことまで思い出すと、また気を失ってしまうかもしれない。

東京に戻ると、普段どおりの応援部の生活が待っていたが、秀樹は、まず夏の「浜松演奏会」の録音テープを聞き返し、「人生劇場・口上」の練習を再び始めた。故郷遠州で「口上」を披露できた喜びはひとまず横に置き、秋の早慶戦に向けて冷静に自己診断することが必要だと思われたからである。

春の早慶戦では外野応援席だったが、秋は早稲田大学が勝利した場合、内野応援席で「人生劇場・口上」を披露することになっていた。

改めて録音を聞いてみると、間の取り方やイントネーションなど、見直すべき点は山ほど見つかった。今までの「口上」にプラスした前口上「早稲田の杜《もり》が芽吹く頃……」の一節は、好評ではあったが、秀樹としては「少し長すぎるんじゃないか」と思えた。この一節だけでも、「口上」が倍くらいの長さになった印象がある。やはり今までどおり「昨日も聞いた今日も見た……」のところから始めた方がいいのかもしれないという迷いも生じた。その一方で、いわゆる「棒読み」をしなければ大丈夫ではないかとも考えた。

詞章を棒読みすると、まるでお経を唱えているかのようになってしまう。他のサークルなどで、飲み会のときにやっている「人生劇場」はそれであった。応援部の「口上」はそんなものではいけない。「口上」の語り方は、先輩の誰からも伝えられていなかったので、秀樹は独自の境地を開いていかなければいけないと思っていた。

また、「青島の『口上』は遠州弁だからな」と、前主将鈴木先輩に言われたことがあり、それも気になっていた。そもそも、どこが遠州弁なのか全くわからない。イントネーションの問題なのだが、自分では「なまっている」という自覚がないからやっかいだった。

標準語のイントネーションがわからなかった。早稲田大学遠州人会などという、東京にいても遠州弁で過ごす会のメンバーと毎日のように一緒にいたから余計である。

結局、イントネーションは直しようがなく、直す必要もないのではないかという判断に至ることとなる。青成瓢吉《あおなりひょうきち》の故郷は三河の吉良《きら》、三河の方言は遠州に近い、だったら遠州弁でいいじゃないか、「青島の『人生劇場』なんだから、遠州弁でなまっていて何が悪い」という開き直りでもあった。以来三十数年経っても、いまだにこれは直しようがない。

2　東京六大学野球秋季リーグ戦

六大学野球一九七七年秋のリーグ戦。秀樹は応援部幹部として最後のシーズンだったが、鳴り物入りで法政大学に入学した江川卓《すぐる》も最後のシーズンとなっていた。

この四年間、早稲田は全く江川に歯が立たなかった。早稲田だけではない。他の大学も江川には勝てなかった。

江川のみならず、甲子園のスターがそのまま法政のラインナップだった。佃正樹、金光興二、植松精一（後に阪神）、楠原基、島本啓次郎（後に巨人）などが同時に入学していて、「花の四九年組」と言われていた。

早稲田も、主軸が岡田彰布《あきのぶ》（後に阪神）、ジャンボマックスと言われた佐藤清、そして山倉和博（後に巨人）と、けっして法政に引けをとる顔ぶれではなかったが、それでも江川は別格だった。

いつのシーズンだったか、対法政一回戦は江川に負け、二回戦は江川ではなく佃投手だったので、今日は勝てるかもしれないと思われたことがある。

ところが、法政チャンスのときに告げられたのは、「代打江川君！」

早稲田応援席では、バカにしているといきり立ったが、パカーンと見事な二塁打を打たれた。江川は、二刀流の大谷翔平（日本ハムファイターズ）のような全く別格の選手だった。

江川が投げて法政に一点取られると、もう勝てる気がしなかった。

この年のキャプテンは山倉で、合言葉は「打倒江川」。しかし、結局「打倒江川」は果たせなかった。運命の悪戯《いたずら》か、後に巨人軍で「江川の名女房」と言われることになろうとは、このときの山倉には予想もできなかったであろう。

秀樹は四年間、江川のピッチングを間近で見ていたが、江川に対して一番感じたのは

「ここにいるのがおかしい」という違和感だった。大学野球の中に、プロ選手が迷い込んでいるかのような感じがした。

江川が投げる速球は、他の誰が投げる球よりも速かった。ただ速いだけではない。打者の手前でホップしているように見えた。そんな球、大学野球ではあり得なかった。早稲田の各バッターはきりきり舞い。それはもう圧巻としかいいようがなかった。

ただ、江川は一試合の中で威力のある速球は何球も投げなかった。おおよそはカーブ主体だった。それでもキレのあるカーブに、早稲田の各バッターはバットに当てるのがやっと。ボテボテのピッチャーゴロが多かった。江川はそのピッチャーゴロを「やってらんないよ」というような感じでマウンドを降り、だるそうに捕ると、一塁へ山なりのボールを投げていた。清々《すがすが》しい大学野球の姿はそこにはないように思えた。早稲田野球は「一球入魂」がその精神であるが、そんなことは通用しないレベルの違いだった。全くレベルの違う選手が戦うのは、お互いに不幸というものである。

早稲田応援席では、江川に対して一人でもランナーが出れば、「コンバットマーチ」で声援したが、空しく響くだけだった。

江川は、高校卒業のときに阪急ブレーブスからドラフト一位指名を受けたが、希望の巨人ではなかったので入団を拒否した。そして、とりあえずの進路を慶應義塾としたが、合格間違いなしと言われていた慶應は不合格だった。そのために法政へ入学したのだが、そのピッチングを見るたびに「やってらんないよ」という江川の悲しい声が秀樹には聞こえる気がした。無駄な四年間を過ごしているとしか思えなかった。大学野球では、所詮レベルが違いすぎたのである。

この秋も早稲田は江川法政に勝てなかった。早稲田の優勝も消えた。秀樹の一年生春に優勝したのが、遥か遠い記憶になりつつあった。

一九七六（昭和五一）年春から七七年秋にかけて、法政は他校から一度も勝ち点を落とさないという、圧倒的な強さを見せ、史上初の完全四連覇を達成したのだった。もちろん法政ばかりが優勝して悔しい思いをしたのは、早稲田ばかりではない。

とりわけ、慶應は悲惨だった。早稲田はそれでも、法政大学・明治大学と優勝争いをしていたが、秀樹たちが入学した一九七四（昭和四九）年以来この年の春まで、慶應は優勝争いどころか、最高でも三位という低迷ぶりだった。一九七七年春は、東京大学にも勝ち点を取られて、なんと最下位だった。

秀樹と同期の慶應リーダー長下田眞平君は、後々まで「生涯リーダー長」と称されるほどのテクの名手だったが、鍛えに鍛えた「伝統の勝利の拍手」は、結局一回も披露されることはなかった。「伝統の」ではなく「幻の勝利の拍手」で終わった。

もっとも、この年の春、早慶戦で早稲田が二連勝してくれたので、試合終了後のセレモニーで秀樹が「人生劇場」を披露できたのだから、秀樹自身は野球部に感謝である。もし早稲田が負けていたら、「人生劇場」はなかった。試合に負けると「人生劇場」は歌わないのである。下田君の「伝統の勝利の拍手」ではないが、いくら「口上」の練習を積んでも早慶戦で負けてしまったら何にもならないのだった。

もっとも、楽観主義者の秀樹は、秋の早慶戦で早稲田が負けるとは微塵も思っていなかったという。

3　バトントワラーズの進展

この年発足したバトントワラーズは、夏合宿開始時には八名になっていた。

初年度の衣装は、吹奏楽団からの金銭的補助をもとに制作されたが、これ以降の衣装については バトントワラーズ部員の手作りによるものだった。外部に衣装を発注できるようになるのは、一九八二（昭和五七）年の、野球部ユニフォームを模したものまで待たなければならなかった。

夏合宿を経て、バトン部員たちは応援部員としての自覚と自信を持てるようになっていた。その存在感は、まるでずっと以前から部の中にバトントワラーズというものが存在していたかのようであったという。応援部の中に、リーダー、吹奏楽団、そしてバトントワラーズという大きな一団ができようとしていた。ただし、組織としてはあくまでも「吹奏楽団付属のバトントワラーズ」という位置づけだった。

秀樹が拝命していたのは「吹奏楽団新人監督」だった。バトントワラーズは、全員新人扱いであったから、吹奏楽団の新人監督が責任者をやっていたにすぎない。「バトントワラーズ責任者」などという役職名はなかったのだ。後になって、このときが初年度であるから、その責任者が秀樹だったということである。バトン部員の中から初代責任者が生まれるのは、この年入部した新人たちのうち大竹恵美子さんが幹部になる一九八〇（昭和五五）年のことだった。

幹部である秀樹が、実際に細かいことを新人たちに指示したりはしなかった。実際にバトントワラーズの面倒を見ていたのは、三年生の吹奏楽団新人監督サブ柴田正治君だった。柴田君は、とにかく一生懸命バトンの面倒を見た。秀樹も全幅の信頼を柴田君に寄せていた。柴田君の努力がなければ、生まれたばかりのバトントワラーズは空中分解していたかもしれない。生みの親が秀樹であれば、育ての親は柴田君だったと言えよう。

このときのバトントワラーズ新人八人は、その後誰一人欠けることなく、昭和五二年度の応援部納会まで残ることとなる。

4 青山のパーラー

九月二四日からの対明治戦は、江川法政へのチャレンジマッチだった。

一回戦は、七対一で明治の勝利、二回戦は二対一で早稲田が雪辱、そして三回戦は、四対二で早稲田が勝ち点を挙げた。

神宮での試合終了後、明治に勝った余韻に浸りながら、秀樹はリーダー幹部たちと連れ立って、地下鉄銀座線外苑前駅へ向かった。メンバーは、宮前博行主将、佐々木賢治主務、永山倫太郎リーダー長、矢口博行六大学連盟委員、そして秀樹の五名だった。

秀樹は、もちろん吹奏楽部員であるから、普段は吹奏楽団のメンバーと行動を共にしたが、飲みに行ったりするのは、リーダー部員たちとの方が多かった。秀樹自身、吹奏楽団員というよりも、応援部員としての意識の方が強かったからとも言える。

外苑前駅への階段を下りて、切符売り場の前まで行くと、明治大学応援団リーダー部員が二名いた。こちらの姿を見るや、「チワ、チワ、チワ……」と、あたり構わず挨拶を始めた。地下鉄の構内である。一般の通行者にとっては迷惑な話である。

六大学連盟では、他大学であっても、上級生に挨拶をするのは当然のことだった。どうやら二年生だったらしい。相手は因縁の明治だ。明治の二年生は、こちらが早稲田の幹部一同ということがわかって、必死に挨拶をしようとしたのだった。

明治の団員は、応援団であるから当然学帽を被るのだが、明治の帽子は元々丸い形なのに、ロウ付けやアイロンがけなどをして角を尖らせていた。「丸いものは丸いんであって四角くはならないんじゃないの」と秀樹は思うのだが、明治の応援団では、この丸い学帽のことを「角帽」と呼んでいた。もちろん、本当の角帽と言えるのは、早稲田の座布団帽子のみだ。

明治応援団では、挨拶をする相手の人数だけ「チワ」を言うことになっていた。こちらは五人いたので、「チワ×五」である。その団員は、数え間違えないように、後ろ手で指を折って「チワ」の数を数えていた。悪いものを見た思いで地下鉄の車両に乗り込んだ。

宮前主将。

「今日は祝杯をあげようぜ。その前に青山でパーラーへ寄って行こう」

五人で地下鉄に乗り表参道駅で降りた。

早稲田の学生というのは、もちろん人にもよるが、その多くが行動範囲としては山手線で言えば池袋～新宿間に限られる。新宿駅から先、渋谷とか恵比寿などというところは、月の裏側のように未知の世界だった。早稲田応援部の場合、神宮球場への最寄りは総武線信濃町駅だった。この日のように、地下鉄銀座線で帰ろう、などということは初めての経験だった。

今であれば「資生堂パーラー」とか「タカノフルーツパーラー」とかの名前がすぐに出てくるが、当時の秀樹にパーラーは全く縁がない場所だ。「まあ、喫茶店のようなものだろう」と思っていたが、五人が連れ立って入った青山通りに面する店は、とてもお洒落だった。「○○カフェ」というような名前だったと秀樹は記憶する。通りに面してカフェ・テーブルが置いてある、最先端の店だった。

そこへ、学生服姿の五人組が入っていったのだ。宮前主将が先頭だった。その店には全くそぐわない客の出現に、店の空気は一瞬凍りついたように秀樹には思えた。

キレイなお姉さんの店員さんは、学生服一同を、通りに面したお洒落なテラスではなく、店の一番奥へ案内した。どうやら、「店の顔」とも言える場所には、この場違いな客たちを着席させたくなかったようだ。

宮前主将、

「前から、こういう店に来たかったんだよね」

秀樹は周囲の客の冷たい視線を感じながらも、

「こういう店へ、学ランでくることに意義があるぜ」

宮前主将、

「お〜、青島、そうなんだよ。よくわかってるなあ。女の子とこういうところへ来るのは当たり前なんだよ。学ランにこそ意義がある。俺、フルーツパフェ！」

永山リーダー長、

「んじゃ、フルーツポンチ！」

青島、

「パフェとポンチって、どう違うんだよ？」

永山リーダー長、

「いや、わかんねえけど、ポンチって何か勢いがありそうな名前じゃん」

「それ、パンチじゃねえの？」

「おお、そうそう。パンチだ。え、フルーツポンチとも言うんじゃないの」

「……」

言っている永山君も、訳がわからなくなっていた。

「お、フルーツサンデーってのもあるじゃん」

「……」

パフェとポンチとパンチ、サンデーの違いは誰も知らなかった。

「まあ、とりあえず頼んでみようよ。大体がフルーツ何とかなんだからそう違いはないんじゃないの」

結局、五人はパフェ派とポンチ派、サンデー派に分かれた。

運ばれてきたものは、初めて見る、美しいフルーツの芸術品だった。それぞれ形の違うガラスに盛られていた。ただし、どれがパフェでどれがパンチいやポンチ、そしてサンデーなのかは俄《にわ》かには判別がつかなかった。

「なんだよ、みんな同じようなものじゃん」

運んできたキレイなお姉さん店員、

「こちらがフルーツパフェ、こちらがフルーツポンチ、そしてこちらがフルーツサンデーでございます」

「ほ〜〜」

美しすぎるパフェとポンチ、そしてサンデーを突っつきながら、学ランの五人は、明治に勝つということはこんなにも至福のひと時を味わえるんだという実感に浸っていた。

現在では、東京にある大学は「首都圏大学」と化し、早稲田大学もその例外ではなく、学生の七割が首都圏出身だそうだ。早稲田の一番の良さは、地方から出てきた人間が切磋琢磨することにあったのだとよく言われる。壮大な「田舎大学」が早稲田なのだ。

このときの五人。宮前主将は長野県須坂、永山リーダー長は宮崎県、佐々木主務は岩手県一関、矢口君は茨城県土浦、そして秀樹は静岡県磐田と、全員が地方出身だった。

また、早稲田大学吉永小百合を思慕する会の「会七役」はというと、大村真也総裁は静岡県磐田、青島政調会長も静岡県磐田、裁原敏郎官房長官は鹿児島県、木場康文防衛庁長官は大阪府、柴谷宗男企画庁長官も大阪府、金口泰久総務会長は大分県、馬形貢旗手長は岡山県、これまた全員が首都圏以外の出身だった。

現代においては首都圏出身者が多くなるのは致し方ないとしても、全国からさまざまな人材が早稲田に集まることこそ、早稲田の一番の魅力なのだと思いたい。

5　早慶戦前夜祭

秋のリーグ戦は、明治には勝ったが、結局江川法政には負け、残るは早慶戦だけになっていた。秀樹の、幹部としての残された時間もあとわずかだった。

早慶戦を前にした一〇月二六日、大隈記念講堂にて、早稲田大学応援部主催による「早慶戦前夜祭　第二十五回稲穂祭」が行われた。野球部員もステージに上がり、ワセダ全体で早慶戦を盛り上げようという催しである。

当日の大隈講堂前には、多くの観客が列を作っていた。そして、稲穂祭は始まった。フジテレビ松倉アナウンサーの司会で、早慶両校野球部員への、早慶戦にかける抱負などに関するインタビューに続き、校歌、応援歌のコーナーとなった。

まずは、慶應応援指導部のステージだった。この年の慶應応援指導部は、リーダー幹部が一一名もいた。その中に、静岡県浜松北高校出身の広瀬光彦君もいた。広瀬君とは同じ遠州出身ということもあり、秀樹は下級生時代から親しみがあった。お互いに、最後の早慶戦となると、感慨深いものがあった。

その広瀬君は、現在、浜松三田会副会長を務め、秀樹の良い仲間である。三田会、稲門《とうもん》会《かい》それぞれに総会のときなどはお互いに招待し合う間柄であり、深いご縁が続いている。

慶應のステージのトリは「慶應義塾塾歌」だった。この曲は素晴らしい名曲なのだが、三番までやると、とにかく長い。長いので、六大学リーグ戦では、エール交換の際に応援歌「若き血」を用いている。

ただし、早慶戦の試合前と試合後のエール交換においては「塾歌」三番までしっかり歌うことになっている。相手が早稲田だということを意識しているのだ。こういったことが、一〇〇年以上にわたって築き上げられてきた早慶戦の歴史である。

そして、早稲田大学応援部によるステージとなった。当然、校歌、応援歌のプログラムはフルラインナップだった。秀樹の「人生劇場」もプログラムに入っていた。

「人生劇場」をステージ上で披露するのは、浜松演奏会に次いで二回目だった。浜松演奏会が終わってから、その録音テープを聞き返しては「口上」の研究をしていた。その成果を披露する時がやってきたのである。

「人生劇場」の番となり、司会の三年生石川範行君の紹介によってステージ中央に進み出た。このとき、石川君が「青島秀樹でございます」と言うべきところを「秀樹」という名前を忘れてしまったのか「青島ゆき〜ぉでございます」と紹介された。

ステージ中央に立つと

「あおしま‼」

「あおしま〜‼」

という声援が聞こえてきた。観客席にいる、遠州人会や全国早稲田学生会連盟の面々だった。

「稲穂祭」での「人生劇場・口上」（大隈講堂、1977年10月26日）

今ここにいる観客の皆さんに、「人生劇場」をお届けするのだという昂揚した気分と、観客席にいる仲間の代表として「口上」を演じるのだ、という新たな気持ちも沸き起こってきた。しかも、この場所は、「早稲田の聖地」とも言える大隈講堂であった。自分がこのような場所でスポットライトを浴びていること自体が夢のような心持ちであった。

ステージ上には、早稲田大学校旗が燦然《さんぜん》と翻り、リーダー下級生が一列に並んでいた。秀樹がセンターで「口上」を述べ、後ろに並んだリーダー下級生たちは一緒に腕を組み「人生劇場」の歌を歌うのであった。

ステージ中央のマイクに立ち、腕を組み静かに目を閉じると、瞼の裏には、毎回のことであるが、幼い頃の情景が浮かんできた。あんなにひ弱だった自分が、今、大隈講堂のステージに立っている。これこそが「人生劇場」じゃないか。

そして語り始めた。

「早稲田の杜が芽吹く頃……」

6　留年の決意

一九七七（昭和五二）年当時はまだ、会社訪問の解禁日が一〇月一日という時代だった。就職氷河期というような状況の年だったので、一〇月になると大学四年生は忙しく会社回りをしていた。つまり、秋の六大学野球リーグ戦と就職戦線は、そのまま重なって進行していたのである。

そんな最中における秀樹自身の就活状況。

応援部依田米秋監督から耳寄りの話がもたらされた。

「おい、青島、○○重工業と○○建設から、部員をよこしてください、と言われているんだが、どうだ、行かないか。お前たちの代は揃いも揃ってみんな留年で、求人依頼に応えられるのはお前しかいないんだよ」

就職氷河期にもかかわらず、応援部に対してはちゃんと求人がきていた。しかも、名前を聞けば誰でも知っているような大企業である。食指の動かないはずはない。普通なら、一も二もなく承諾するおいしい話だ。ところが、秀樹は迷った。

秀樹は、入学以来、およそ勉学というものとは程遠い学生生活を送っていた。大教室での授業、特に、出欠を取らない授業は、ほとんど出席していなかった。年に二回出席という授業も珍しくなかった。二回というのはつまり前期試験と後期試験の直前の一回ずつである。あとはすべて欠席という有様だった。

そんなひどい状況でも卒業できそうだったのは、ひとえに「学費値上げ反対闘争」のおかげだった。

当時の早稲田大学はまだまだ学生運動が盛んで、一九七〇年代末期のオイルショック以後、毎年上げられる学費に対して、革マル派を中心とする左翼学生の激しい「学費値上げ反対闘争」が続いていた。

その学生運動のために、ことごとく期末試験が中止に追い込まれていた。秀樹は、期末試験中止の恩恵を最も受けた一人かもしれない。四年間、前期試験も後期試験もほとんどが中止だった。

試験が中止となると、「レポート提出」で代用されることとなり、レポートは出来不出来にかかわらず、とにかく出しさえすれば最低でも「可」をもらうことができた。

その当時の早稲田大学社会科学部の成績は「優、良、可、不可」で評価された。三年生までの秀樹の成績表には「可」がずらっと並んでいた。

「『良』は誰でも取れるけど、これだけの『可』を取る奴はなかなかいないだろう」と、秀樹は自慢にならない自慢でほくそえんでいた。ともかくもそのような事情で、卒業に必要な単位は取れていたのである。

そのままいけば、四年生で卒業して、しかも一部上場の大手企業への就職も可能な状況であった。しかし、それでも秀樹は迷っていた。

「こんなに楽しい早稲田の学生生活と、もうオサラバしなくてはいけないのか」

そんなある日、秀樹は大村君と、彼の下宿近くの落合中央公園を歩いていた。並んで歩きながら就職や卒業のことに話が及んだ。

「就職断って、もう一年早稲田にいようかと思うんだけど。応援部で明け暮れた四年間だったし」

秀樹は本音を漏らした。そんな気持ちを打ち明けられる相手は、彼しかいない。

「おお、青島、そうなんだよ。このまま卒業してしまうのはもったいないぜ。見ろよ、今、目の前にこんなにたくさんの人がいるけど、みんな百年後にはいないんだよなあ。俺たちだって、今このときは二度とないんだぜ」

「そうだよなあ、後になって後悔するより……んじゃ二人揃って五年生になるか」

「おお、そうしようぜ、俺たちは五十年の付き合いを約束しよう」

迷いは吹っきれた。こうして、二人は留年して五年生になることにしたのだった。

応援部の場合、四年生は「幹部」と呼ばれ、最上級生はまさに「生き神様」と化す。そして四年生が終了すると、部は「卒部」であった。五年生は、現役学生ではあるが応援部の中ではOBの扱いとなる。では、学生としてはどうなのかというと、早稲田においては四年生よりも「偉い」存在として君臨することとなる。

当時の早稲田には五年生、六年生などはざらにいた。八年生などというツワモノさえ珍しくなかった。世間的に見れば親不孝もいいところなのだが、何といっても八年生。八年生が早稲田に入学した時には、まだ小学生だった者たちが、同じ早稲田の学生なのである。四年生など、早稲田においてはまだまだ小僧であった。

慶應の場合、「五年生」ではなく、落第してもう一度「四年生」ということになる。大学五年目に突入しても、八年間いても、それは落第なのであって偉くもなんともない。

そういう点で、早稲田の素晴らしさは群を抜いている。自由な早稲田大学は、どこまでも自由であった。青春を謳歌できる大学、それが早稲田である。

留年するには、学費を出してくれている田舎の両親の承諾がいる。秀樹は思いきって電話した。

「卒業しようと思えばできるけど、申し訳ない、もう一年早稲田にいさせてほしい」

一方的にお願いした。申し訳ない思いでいっぱいだったが、早稲キチの父は、意外にもあっさりと「そうか、まあしょうがないな」と一言だけ言った。

息子がまだまだ早稲田にいたいという気持ちを理解したからなのか、仕方がなくそう言ったのか、はたまた自分もあと一年息子と共に早稲田を楽しめると思ったからなのか、父が亡くなった今となっては確認しようもない。ただし、学費一切を出していたのは母だったのだから、電話を切ったあと、母と一悶着あったかもしれない。

五年生になるのは簡単なことだった。卒業に必要な必修科目の期末試験を受けないか、試験中止の場合はレポートを出さなければよい。そうすればその科目が「不可」となり、「卒業要件不足」ということで自動的に留年ということになるのである。わざわざそんなことをする人間は「アホ」であるが、もっともっと早稲田を楽しみたい、という一念のな

1978年に実現したヨーロッパ珍道中（スイス・グリンデルワルドにて）

せることだった。

しかし、ただやみくもに留年をするだけでは全く意味がないので、秀樹は大村君とある計画を立てた。

「大学五年生の夏休みに、二カ月ほどかけてヨーロッパ全土を回ろう」

しかも、ただ旅行するのではなく、「『早稲田大学吉永小百合を思慕する会』欧州大派遣団」として、着物姿に袴を着け、日本男児の心意気を示すという気宇壮大、いや実はただ目立ちたいだけという、これまた「アホな」発想の旅行計画だった。

その計画実行のために、落とす単位は最小限にしておかねばならない。五年生で受けなければならない授業は一科目だけ。夏休みまでの期間は、ヨーロッパ旅行のための資金を貯めるためにバイトに精を出すという計画にした。

7　秋の早慶戦

留年する決心をした秀樹は、晴れ晴れとした気分で秋の早慶戦を迎えた。監督からの一流企業への就職の話は、もちろん断った。

秋の早慶第一回戦は一〇月二九日土曜日、紺碧の空高い神宮球場で行われた。すでに法政の優勝は決まっていたが、それでも早慶戦である。前夜からの大勢の泊まり込みの学生も含め、神宮球場には開門を待つすさまじい人の波ができていた。

早慶戦の試合開始時間は午後一時であるが、学生内野席の開門は午前一〇時。開門と同時に、内野応援席も外野応援席も学生で埋め尽くされた。試合開始までには、慶應の内外野、そして一般の席まで超満員。優勝に関係なくても、さすがに早慶戦の観客の入りだった。

神宮球場の外野スタンドは現在、椅子席になっているが、当時はまだ芝生張りの時代。そこにも超満員の学生が詰めかけ、およそ五万人が入場していた。

開門ののち、学生応援席で行われるのは、応援練習、そしてバンド合戦。学生応援席では、午前中いっぱい、こういった趣向のイベントが行われるので、試合開始まで退屈せずに過ごすことができる。

このときの内野応援席副責任者は、リーダー三年の吉野寿雄君だった。副責任者が内野応援席のマイクを担当し、早稲田応援席のすべてを取り仕切るのである。マイクと拡声装置が用意されるのは、六大学リーグ戦の中でも早慶戦だけである。その吉野君の司会で応援練習、バンド合戦と進んでいった。

秀樹は、試合終了後の「人生劇場・口上」披露までは、吹奏楽部員としての仕事、すなわちトランペット奏者としての仕事が第一であった。しかも、吹奏楽団責任者、バトントワラーズ責任者でもある。リーダー部員からのさまざまな指示や要求にも応えなければならない。

バンド合戦では、慶應応援指導部吹奏楽団と交代でそれぞれ三曲ずつを演奏した。早稲田は、「スカイハイ」「オリバーのマーチ」「おばけのロック」を、テンポ良く演奏した。

バンド合戦に合わせて踊るバトントワラーズも、すっかり指揮台でのパフォーマンスに慣れ、とても今年設立されたものとは思えないほどに成長していた。

「おばけのロック」では、秀樹はスタンドプレーでトランペットソロを披露した。秀樹は、自分でも奏者としてここまで成長できるとは思ってもいなかった。それもこれも、四年生になって幹部となり、しかも吹奏楽団責任者として責任ある立場になったおかげであった。

朝一〇時から試合終了まで、早慶戦の場合は試合終了後のセレモニーまで延々と続く。リーダー部員ならずとも、吹奏楽団の部員にもかなりの体力が要求された。また、ずっと演奏し続けるだけの、奏者としての持久力も必要だった。コンバットマーチを二〜三回演奏したくらいで疲れていては通用しない。吹奏楽の場合、唇とその周りの筋肉に疲労が溜まる。疲労が限界にくると音が出なくなる。

早慶戦ともなれば、通常の試合の三倍くらいの演奏時間となる。さらに優勝したとなると、試合終了後には神宮から早稲田までの優勝パレード、そして優勝祝賀会と続くのである。並みの吹奏楽団ではもたない。これこそが応援部の吹奏楽団として必要な実力であった。音楽性と同時にスタミナも要求されるのである。

秀樹は、優勝は一年生の春にしか経験がなかったが、四年生の秋に優勝したとしても、奏者として十分にその責任を果たせる自信はつけていた。下級生時代には考えられないことだった。四年生の秋が、トランペット奏者としての絶頂期だった。

午前中の応援練習、バンド合戦が終わると、いよいよ昼には早稲田・慶應共に神宮球場が一つになって歌う「早慶讃歌―花の早慶戦―」。これらの光景は、現在においてもほとんど変わっていない。

今と違うのは、そのあとの「早稲田大学校旗入場」「慶應義塾塾旗入場」であろう。現在では、校旗及び塾旗入場の場合、内外野同時に行うが、この当時は、内野校旗入場に続いて外野校旗入場だった。その後にエール交換で「早稲田大学校歌」「慶應義塾塾歌」をそれぞれ三番まで歌う。起立脱帽している時間がとにかく長い。

若い学生でも前日飲みすぎている者が多いので、このエール交換中に倒れる者が少なくなかった。スタンドから下へ降りる階段には、大勢の倒れた人間が横たわっていた。

「早稲田の栄光」のファンファーレと共に、内野応援席後方に、雄大な早稲田大学大校旗が翻った。そして「早稲田の栄光」のメロディーと共に大校旗が、学生席の中を悠然と入場してきた。現在では禁止になってしまった旗への紙テープもまだ許されている時代だった。特に早稲田応援席では、慶應応援席とは比較にならないくらいの紙テープが校旗に向かって投げられた。圧巻だった。校旗に向かって、四方から幾筋にも重なる紙テープが、美しい放物線を描いた。

秀樹は、今神宮球場に響いている「早稲田の栄光」のメロディーが、自分が吹いているトランペットの音だということに、今更ながら感動していた。五万人の観衆の目が、早稲田大学大校旗に注がれている。主役はもちろん校旗である。しかし、その臙脂の旗が気持ちよく神宮の風になびくためには、このメロディーが必要なのだ。臙脂《えんじ》の大校旗と、気持ちが通じ合う瞬間である。紺碧の空と臙脂の旗、そして七色の紙テープ、それらすべてが「早稲田の栄光」のメロディーに包まれていた。

エール交換は、内野外野が同時に歌う「早稲田大学校歌」、そして「慶應義塾塾歌」と続いた。この歌声の迫力は、甲子園の高校野球など比較にならない。両校それぞれ何万人という人間が一斉に歌うのだから。

宮前主将が指揮台に立ち、「早稲田大学校歌～!!」と指揮を始めた。

秀樹は、この「早稲田大学校歌」を伴奏するのも、あとわずかなのだという寂寥感に包まれていた。やはり最後の早慶戦である。悔いのない「校歌」を演奏しよう、その思いで校歌前奏を吹き始めた。いつもよりビンビンと音が前に出ていた。

試合開始は、永山リーダー長の指揮による「紺碧の空」からだった。このときの演奏は今でも録音が残っている。秀樹は、今それを聞いても、素晴らしい「紺碧の空」の伴奏だったと思う。

管楽器は声楽とよく似ていると言われる。声楽の場合、振動するのは「喉《のど》」であって、頭蓋骨の中で音が大きくなる。管楽器は、振動するのはマウスピースにあてた「唇」であって、楽器の中で増幅される。呼吸法は同じである。だからこそ、演奏に奏者の気持ちが乗り移ることとなる。

応援部吹奏楽団が演奏する「早稲田大学校歌」や応援歌は、それ自体が完成された芸術であると言っても過言ではない。同じ「紺碧の空」であっても、普段の演奏と、点が入った時の演奏では、まるで異なる。奏者の気持ちが、歌を歌う学生にも伝わっていき、それが世界一と言われる早慶戦での早稲田の応援につながっていくのである。下級生時代から、あれほど悩み、そして意見をぶつけ合った「応援部の中の吹奏楽団とは」という問いに対してすっきりとした答えが見つかった思いがした。

一回戦のこの試合、早稲田が終始リードを保ち、三対一で勝利した。早慶戦の場合、試合終了後のエール交換で終わりではない。試合終了後のセレモニーを一時間以上にわたって行うのである。現在、このセレモニーは随分と短縮されて二〜三曲歌うのみであるが、この当時は、神宮球場に夜のとばりがおりても、学生応援席では延々と歌を歌い続けたものである。

このときのセレモニー。

「紺碧の空」「伝統の勝利の拍手」「仰げよ荘厳」「人生劇場」「早稲田の栄光」「ふるさと」「コンバットマーチ」そして最後にまた「早稲田大学校歌」。

もし試合に負けていたら、「伝統の勝利の拍手」「人生劇場」「早稲田の栄光」はやらなかっただろう。野球部に感謝であった。

秀樹が「人生劇場」を披露するのは、春の早慶戦、浜松演奏会、稲穂祭と続いていたが、秀樹自身これが最後の機会だと思っていた。司会の吉野君が秀樹を紹介した。

「待ってました～！」の声援が、学生席から飛び交った。

指揮台に立つと、神宮球場のスタンドに圧倒される思いがした。しかも満員の観衆だった。

マイクに向かうと一呼吸置き、目を閉じ「早稲田の杜が芽吹く頃……」と語り始めた。

口上を語りながら、秀樹の耳には、慶應応援席の「慶應讃歌」の歌声が、そして早稲田外野席の「人生劇場」の歌声などがこだまするように幾重にも聞こえてきた。ホールのような静寂ではない。しかし、この喧騒こそ、今ここが「早慶戦の舞台なのだ」という実感として胸に迫ってきた。

そもそも自分のために語る「口上」ではない。ここにいるすべての早稲田の学友たちと共有する「口上」である。あくまでも皆の「代弁者」としての語り手であるのだという思いが、語りながら実感として湧いてきた。

大拍手と共に、早慶一回戦での秀樹の「口上」はその務めを果たした。

そのあとに皆で肩を組み歌う「早稲田の栄光」、そして「ふるさと」。

感動的だった。どうして「ふるさと」を早慶戦で歌うのか、などという疑問は誰も持たなかった。それだけ当時は地方出身者が多かったからだろう。

すっかり暗くなった晩秋の神宮球場で、友と肩を組んで歌う「ふるさと」は、早稲田の人間として、また日本人として生を受けた若者たちの心の底から湧いてくる実感である。万感迫る懐かしさそのものであった。

翌一〇月三〇日は早慶二回戦。早稲田が連勝すれば、それで秋のリーグ戦は閉幕、慶應の勝利であれば三回戦へと続くことになる。

応援部四年生としては複雑な心境である。もちろん早稲田に勝ってほしい、でも勝ったらそれで終わりとなってしまう。できればもう一試合でも二試合でもやりたい。でもそれは慶應の勝利を期待することになってしまう。秀樹としては、負けることなど考えていなかった。

この日のバンド合戦の曲には、「行進曲ウェリントン将軍」が入っていた。一一月二九日に、応援部吹奏楽団の定期演奏会が開催される。そのときの演奏曲目だった。

吹奏楽団の部員にとっては、この定期演奏会が一年の最後、そして四年生にとっても文字どおり最後の舞台だった。その定期演奏会での演目を、もう、こうやって演奏することになったのだという感慨は深かった。

校旗入場での「早稲田の栄光」の伴奏は、演奏しながら、思わず瞼に涙が滲んできた。秀樹が演奏する最後の校旗入場だった。（どうしてこんなに心震えるのか）今までにない思いだった。（やはり、今日が最後ということなのか）

秋の澄み切った青空に翻る臙脂の大校旗を見上げながら、秀樹はそんなことを思っていた。

昨日に引き続き、神宮球場での早慶戦は、圧巻と言っていいものだった。「世界三大学生スポーツの一つ」と言われるが、五万人という大観衆の規模で、これほど応援が盛り上がる学生スポーツは、世界一と言ってもいいのではないかと、そのとき秀樹は思った。

応援席は、早稲田内野・外野、そして慶應内野・外野と四箇所あり、それぞれに吹奏楽団がいて応援を繰り広げるのだから、すさまじい盛り上がり方である。早稲田がチャンスのときの「コンバットマーチ」は、内野・外野揃っての応援となり、それを一般席や慶應応援席などで目の当たりにすると、その大迫力に度肝を抜かれる。

腹に響く大太鼓の振動、そしてトランペットの鳴り響くリードメロディ、それ以上にすさまじい学生の声援。それらがすべて融合して早稲田の応援となっている。

コンバットマーチのテクなどは、その一糸乱れぬスタイルは歌舞伎を髣髴《ほうふつ》とさせる。早稲田の応援は、歌舞伎から取り入れているものも多いから当然と言えば当然なのだが、やはりこれは、一つの芸術とさえ言えよう。

試合は、慶應に一点先取されるも、中盤で早稲田が逆転し五対一で早稲田の勝利となった。

試合終了の瞬間には、紙テープと紙吹雪がスタンドに乱舞した。目の前が見えないくらいであった。現役応援部員として、本当にこれで最後の神宮での試合となってしまった。

春のシーズン、慶應は東京大学にも勝ち点を奪われ最下位だったが、秋のシーズンは意地を見せ、早稲田に次いで三位となった。江川法政ばかりに話題がいっていた当時の六大学野球にあって、早慶の頑張りは見事であったと言ってよい。

試合終了後のセレモニー。一回戦と違い、この日は特別であった。何といっても四年生にとっては、最後の早慶戦である。それは、野球部、応援部の部員だけでなく、学生応援席に詰めかけていた一般の学生にとっても同じことであった。友と肩を組み、学生として早稲田を応援できるのも最後の日であった。

また、秀樹の「人生劇場・口上」も。

マイクの前に立ち目を閉じると、不思議な香りが全身を包んだのを秀樹は覚えている。神宮の秋の香りとでも言おうか、グラウンドの土の匂いや神宮の森の銀杏の匂い、そして学生たちの汗の匂い。「ああ、これが神宮球場、そして早慶戦なのだ」慶應の応援席から聞こえてくる「若き血」、早稲田外野席から聞こえてくる「コンバットマーチ」……それらが混然となって、秀樹を包んでいた。

秀樹はこの一瞬ここにいられる幸せに打ち震えた。自分が「口上」を述べ、友たちと歌う「人生劇場」もこれが本当に最後なのだ、という万感の思いで「口上」を語り切った。

そして、学生応援席には、野球部の四年生もユニフォーム姿のままやってきた。一人ずつ挨拶をした。あの江川と投げ合った、身長一六八センチの早稲田のエース道方康友君もこの日が最後だった。この小さな体で、よくぞ四年間頑張ったものだ。

野球部も応援部もなかった。夕闇の中、全員で肩を組み「紺碧の空」「早稲田の栄光」を歌った。思いは一つだった。

「早稲田が最高、最高の早稲田、ありがとう」

そして、応援部の四年生の挨拶となった。神宮の森は、もう完全に日が暮れていた。順番に指揮台中央で、詰めかけた学生たちにお礼を述べた。

秋季早慶２回戦「人生劇場・口上」

　司会の吉野君が秀樹を紹介した。秀樹は述べた。

「これからも、早稲田大学応援部、そして吹奏楽団、ならびにバトントワラーズをよろしくお願いします」

　バトントワラーズを入れることを忘れなかった。設立最初の年に一年間頑張ってやってきてくれたバトン部員への感謝の気持ちであった。

　そして、誕生したばかりのバトントワラーズが、何とか続いてほしいという願いでもあった。

　吹奏楽団責任者、初代バトントワラーズ責任者、そしてトランペット奏者、はたまた

「人生劇場・口上」語り手としての、秀樹の神宮での舞台はこれで幕を閉じた。一一月の足音が聞こえる晩秋の長い一日だった。

リーダー幹部にとっては、早慶戦が応援部員としての最後の晴れ舞台だった。今なら、一二月最初の日曜日に行われるラグビー早明戦においても、エール交換が行われるのだが、当時はラグビーの試合での、応援部による応援というものはなかった。紳士のスポーツと言われるラグビーでは、組織立っての応援はふさわしくないと思われていたのである。

したがって、リーダーの幹部たちは、早慶戦が終わるとすでに引退したかのようになっていた。正式には一二月初旬に行われる、この年度の納会をもって「卒部」ということになる。

8　早慶戦後

応援部吹奏楽団では、一一月二九日の定期演奏会が年間を通じての最後の活動の場だったので、早慶戦が終わっても、秀樹はまだまだ現役バリバリの心境だった。

秀樹は、部のさまざまな役職を兼務していたのだが、この定期演奏会においても、実行委員長として有終の美を飾るべく奮闘することとなる。

チケットの販売、プログラムの作成、協賛広告の募集、当日の舞台設営、演出、録音レコードの製作などなど、実行委員長はプロデューサーでありディレクターでもあった。三年生以下の実行委員に指示を与え、定期演奏会を成功裏に迎えられるよう着々と準備を重ねていった。こういった経験が、のちに遠州稲門会においてさまざまなイベントを企画実行していく基礎となったのであろう。

一一月初旬には、早稲田祭が行われる。吹奏楽団では、毎年この時期に定期演奏会に向けての秋合宿を行っていた。この年の秋合宿は、一一月一日から七日までの日程で、千葉県にあった早稲田大学館山寮で行われた。応援部三パートの中の、吹奏楽団だけによる合宿である。

吹奏楽団だけとは言っても、約六〇名の部員が七日間寝食を共にして、練習漬けとなるのであるから、実施する方も参加する部員にとっても大変なことであった。

リーダーやバトントワラーズも参加する春合宿、夏合宿であれば、総責任者は応援部主将であるが、吹奏楽団だけの場合は、総責任者は吹奏楽団責任者ということになる。つまり、この年は秀樹である。秀樹にとって、人生の中でこれほどいろいろな責任がついてま

吹奏楽団秋合宿。食事の開始と終了は、責任者である秀樹の合図による

わったのは、後にも先にも例がない。

象徴的なのは、食事。春合宿夏合宿では、主将一人だけが全体を見渡す位置に座り、その主将の合図で食事の開始と終了が告げられるのであるが、秋合宿においては、吹奏楽団責任者である秀樹がその役をした。秀樹の「いただきます」から始まり、「ごちそうさまでした」によって食事終了となる。

それ以外にも、一日の練習の終わりには、吹奏楽団責任者が必ず「一言」を述べるようになっていた。もっとも、合宿でなくとも、普段の練習や神宮の試合などでも必ず全員に向かって「一言」は述べることになっていた。

四年生になりたての頃は、この「一言」が大変だった。普段からさまざまなことに目を向けていないといけない。あまりくだらないことを述べても仕方がないし、述べる以上は自分自身も責任を持たなければならない。幹部として、そしてそれ以上に吹奏楽団責任者という役職が人を作っていく。

練習のための合宿だから、朝起きてから夜寝るまで、休憩時間以外はすべて練習漬けであった。

吹奏楽団の場合、普段の練習は、週二回それぞれ三時間ほどの全体練習だけなので、これだけ濃密な練習機会というのは貴重だった。秀樹自身も、練習時間中は、さまざまな責任は横へ置いて、トランペット奏者としての鍛錬に励んだ。

もう、「人生劇場・口上」は、頭の中にはなかった。今はひたすら「奏者」としての責任を果たすことだった。

吹奏楽においてトランペットの果たす役割は大きい。そのトランペットのパートリーダーとして全体を引っ張っていかなければならないのだ。下級生時代であれば、「こんな曲は難しくて自分には演奏できません」などと言えたが、そんな台詞《せりふ》を吐くことは絶対に許されない状況だった。

「たった七日間で」と言うべきか、「七日間もかけたからこそ」と言うべきか、確かにこの秋合宿によって、吹奏楽団の演奏団体としての技量は格段に上がった。もちろん、秀樹自身も同様である。七日間寝食を共にすることによっての部員同士の気持ちのつながりも強くなった。

合宿納会では、秀樹が「紺碧の空」のテク（リーダー式の指揮）を振り、全員で大きな声で歌った。吹奏楽団員全員で「歌った」のであるから、もちろん伴奏はなしである。

秀樹にとってやり残したことはもう何もなかった。

9 応援部吹奏楽団第十四回定期演奏会

一九七七年一一月二九日、早稲田大学応援部吹奏楽団第十四回定期演奏会が行われた。

会場の杉並公会堂には多くの観客が詰めかけていた。一二〇〇席ほどあるホールは、開場前にはほぼ満席となった。この時点で、実行委員長としての秀樹はほぼその責任を果したと言ってよい。

あとは奏者としての責任だった。田舎からは、早稲キチの父、そして母も詰めかけていた。

当日のプログラム。

第一部

・ナイトブリッジ行進曲　E・コーツ

・吹奏楽のための第二組曲　G・ホルスト

行進曲

無言歌

かじやの歌

ダーガソンにおける幻想

・歌劇「ボリス・ゴドノフ」より戴冠式の情景　M・ムソルグスキー

第二部

ステージドリル

第三部

・行進曲ウエリントン将軍　W・ゼーレ

・カレリア組曲　J・シベリウス

間奏曲

バラード

行進曲

・序曲「運命の力」　G・ヴェルディ
・アンコールとして、ラデツキー行進曲

秀樹の吹奏楽団責任者としての楽団改革は、定期演奏会のプログラムにも反映されていた。プログラムには掲載されていないが、演奏会の冒頭、「早稲田大学校歌」の演奏を入れたのである。司会者が登場する前に、「早稲田大学校歌」の演奏で演奏会が始まるように構成をしたのだった。

それまでの定期演奏会で校歌が演奏されたことはなかった。アンコールも終わった最後の最後に「早稲田の栄光」を演奏する。それなのにである。

下級生時代に、これを不思議に思い「なぜか」と上級生に聞いたことがあった。答えは「リーダー的だから」ということだった。信じられない思いだった。早稲田大学の学内で、一番校歌を上手に演奏できる団体が、自らの総決算である定期演奏会で披露しないなんて……。どうして「リーダー的」などという誤った考えになったのか。吹奏楽団には、応援部的なものに対する拒否反応を示す部員が多くいたが、そんな発想は絶対に間違っていると秀樹は思った。

秀樹は、吹奏楽団責任者、はたまた定期演奏会実行委員長としての権限で、冒頭の「早

吹奏楽団定期演奏会で、トランペット・ソロ

稲田大学校歌」演奏をプログラムに入れた。指揮者の斉藤和幸君は、校歌の演奏に最初反対していた。しかし、秀樹の考えを聞いて賛成してくれた。

応援部リーダー部員たちも全員、この会場に観客として来ていたが、校歌を演奏するということは聞いていなかったのでかなりびっくりしたらしい。

しかし、自分たちが一番得意としている「早稲田大学校歌」の演奏は、観客の心を摑《つか》んだ。演奏している側も、プライドと自信を演奏会の冒頭で得ることになったと、秀樹は確信している。

改めて当日のプログラムを見ると、よくぞこれだけの曲をこなしたものだと秀樹は思う。「大曲」がずらっと並んでいる。しかも、第二部のステージドリルのあと、息も整わないうちに第三部へ突入する。タフでなければできない芸当だ。応援部として培ってきた技術、そして体力がベースとしてあるのだろう。

この年発足したバトントワラーズは、第二部のステージドリルで一年間の集大成を見せた。新調した真っ赤なマーチング衣装に身を包んだ吹奏楽団部員と、バトントワラーズ部員とのステージは、昨年までの定期演奏会にはない華やかさであり、見る者を圧倒した。「応援部新時代」を実感させるステージであった。

第一部、第二部、第三部を通じて、秀樹のトランペットは鳴り響いた。観客として会場にきていた慶應応援指導部の池上譲治君は、「一人で何人分もの音を出していたな」と感想を語った。それほど会場全体に響く音が出ていた。

もっとも、「音が出ていた」ということは、ミスした箇所もよくわかったということである。ステージドリルではスポットライトを浴びてトランペット・ソロがあったが、音を外したところもしっかりと観客席に届いてしまった。それも、ご愛敬といったところか。

プログラム最後の曲「序曲『運命の力』」は、指揮者の斉藤君も、楽団員も思わず力が入った。練習ではあり得ないほどの速いテンポで曲に突入してしまった。

「こんなに速くて、最後までもつのか」と、演奏している側の誰もが思ったに違いないが、最後の最後までそのテンポで乗り切ってしまった。

そんなに速いテンポは、本来の音楽ではないかもしれない。しかし、楽団員全員が「やりきった」という思いだった。秀樹は、とてつもないパワー、何人分だろうというほどのパワーの音量で演奏していた。これも本来の美しい音楽ではないかもしれない。最後の音の瞬間、秀樹は最後のエネルギーを楽器に吹き込んでいた。

「もう思い残すことはない、やり切った」

アンコールの「ラデツキー行進曲」を演奏しながら、自分が奏者として果たすことができた役割への満足感が込み上げてきた。そしてまた、もうこんなステージは二度と経験することはできないだろうという思いも交錯していた。

アンコールも終わり、「早稲田の栄光」となった。メロディーに乗せながら、それまで演奏していた四年生が、一人、また一人とステージから去っていく。秀樹も演奏していたのを途中でやめ、楽器を置き立ち上がった。隣に座っていた二年生の平井克哉君と目が合った。去っていく者と、引き継ぐ者との思いだった。

当日のパンフレット、「部員紹介」のうちトランペット・パートにはこうある。

青島秀樹

応援部副将、吹奏楽団責任者でもある彼は、我がトランペット株式会社の社長でもある。つまり野球で言えば、キャプテンでピッチャーで4番打者のようなものである。その精悍な姿と甘いマスクが女性をシビレさせるのであるが、彼は吉永小百合に会って以来、他の女性は目に入らぬようである。

そして「幹部紹介」にはこうある。

青島秀樹

新入生は初夏の碧空にワセダマンとなり、4年生は晩秋の夕暮にワセダを刻みつける。

慶應ボーイが、いかにも洗練されいざという時は完璧にキメるなら、端麗な顔に不屈の闘志をみなぎらせ学生服姿も逞しくつい足を滑らせてドブに落ちたりするのがワセダマンであろう。我らが青島氏もその一人。

「昨日も聞いた今日も見た」何よりも誰よりも学生服姿と角帽がよく似合い、あどけないまでの横顔を持つとあれば、お袖《そで》ならずとも励まし慰めたくもなるもの。ワセダを愛し、応援部を愛し、哀愁のトランペットを愛したこの4年。

「我が胸の　燃ゆる想いに比ぶれば　煙は薄し　桜島山」

早慶戦で、満場の観客が嘆息をついた朗々たるうた声は、彼の心情そのものである。

そしてまた、世界に冠たるサユリスト。サユリ以外は女じゃないと信じ、男の情熱そのままに生きる青島氏は、さながら世の女性たちには耐えられない存在であるかもしれません。

新人時代の早慶戦の夜、悪い先輩たちに酔いつぶされて、店の階段から転げ落ち、更に道端に止めてあった自転車に体当たりして体中アザだらけになったなんて、我々後輩一同嘘と信じていますから安心してください。

とにかくこの一年間、部の要職を五つも兼ね、さらにはキャプテンとして55人ものデキの悪い我々後輩を抱えて本当にごくろうさまでした。

「やると思えば　どこまでやるさ」の気合いで、物事を決していいかげんにすることのできないすばらしいアホ。

そんな数少ない真実のワセダマンが最後に率います今宵のステージです。

後輩の、秀樹に対する思いが伝わってくる。これだけ思われていたということだけでも、吹奏楽団にいた甲斐があったというものであろう。

10　応援部昭和五二年度納会

定期演奏会も終わり、一二月初旬に、早稲田大学応援部昭和五二年度納会が、早稲田大学学生食堂（当時）にて開催された。この年の幹部は引退し、次の代に引き継がれる。そして、新人はこの日に部員バッジをもらい、晴れて応援部員となることができるのである。

シーズン開始前、秀樹は、次のような了解をコーチングスタッフから取り付けていた。

「今年度から募集するバトントワラーズは

一、学部一年生でなくてもいい。ただし、部内では全員新人扱いとする。

二、早稲田の学生でなくても、他大学の学生の参加も認める。」

四月に一〇名が新設バトントワラーズに入部した。そのうち夏合宿まで八名が残っていたが、バトン新人は八名のままこの日の納会を迎えることとなった。この八名の中には、日本女子大の永井伸枝さんと大妻女子短大の高橋訓子さんもいた。

八名全員に部員バッジが渡された。部員バッジは、応援部員としての証であり、部員として努力した魂の証でもある。秀樹自身は、この八名全員に部員バッジを渡すことができてほっとした思いだった。もしも「他大学だから」という理由で部員バッジを渡すことができなかったら、彼女たちに土下座しても許してもらえるとは思えなかった。

初代責任者としての責任は果たしたと、秀樹は思えた。部長先生や監督にも感謝の思いでいっぱいだった。バトン新人の一人ひとりが部員バッジを手渡される瞬間を目の当たりにできるのは、何物にも代えがたい貴重な時間であった。

また、吹奏楽団の新人監督も兼ねていたので、吹奏楽団の新人にバッジが手渡される光景も、感無量であった。

こののち、短大在学者や、学部二年生、三年生で入部した者は、バトントワラーズとしての礎を築くことに大きく貢献しながらも幹部になれずに卒業していったが、彼女らの早稲田への思いや応援部に対する考え方は他の者に全くひけをとらなかった。

初代幹部は、この年入部した大竹恵美子さん。ただ一人、四年生まで部を続けた一九八〇（昭和五五）年度のことだった。

「大竹さんは、何もない中で数多くの苦労を重ねながらも、早稲田のバトンはどうあるべきかということをずっと考えて実行していた」と秀樹は高く評価する。

そのうちの一つが、応援歌の振りを徹底的に美しくあろうと努力したことだった。一見簡単そうだが、実は一番難しいのが応援歌の振りつけだった。その魂が、現在のチアリーダーズにも引き継がれている。

この考え方は、そのまま吹奏楽団にもあてはまる。

「応援歌なんていつも演奏してるから」と、吹奏楽部員は、校歌、応援歌の演奏をつい軽視しがちなのだが、校歌、応援歌を音楽性の高み、さらには極みまで持っていって演奏できるのは、応援部吹奏楽団しかあり得ないと秀樹は思っている。「紺碧の空」を、あれほど気持ちよく伴奏できる楽団は他にない。

早稲田大学応援部稲門会（応援部の同窓組織）では、出身がリーダーなのか、吹奏楽団なのか、チア（バトン）なのかと問われるが、秀樹自身は内心この三パートすべてのOBだと思っている。もちろん正式には吹奏楽団OBである。

「リーダーのOB」と言うには少々僭越なのだが、早慶戦で「人生劇場・口上」を語ったのは紛れもない事実である。また、バトントワラーズの初代責任者だったことも照らし合わせると、応援部内ではただ一人三パートすべてのOBということになる。リーダー、吹奏楽団、チアリーダーズそれぞれのパートのことを一番わかっているOBだとも言える。

秀樹は、遠州稲門会主催による「早稲田大学浜松演奏会」の実行委員長を六回も務め、ことさらに応援部の「三位一体」のステージを現役部員に提供しているが、それもこういった理由によるのであろう。

早稲田大学４年生としての卒業記念写真（1978年３月25日）
翌79年の卒業式にも５年生として出席した

秀樹の早稲田応援部における「人生劇場」はひとまず幕となった。しかしこのあと、今に至るまで三十数年間にもわたって「人生劇場・口上」を語り続けることになろうとは、本人も含め誰も予想できないことだった。そしてまた、秀樹自身早稲田と生涯にわたって向き合うことになろうことも。

早稲田大学応援部、二〇〇九（平成二一）年度の山本遼太郎主将、二〇一五（平成二七）年度の中谷篤人主将の両君は、秀樹が早稲田と向き合っていなかったら誕生しなかった人材である。

「早稲田を卒業することは、実は早稲田との付き合いの始まりなのだ」

今になって秀樹が実感していることである。

特別寄稿

「青島先輩と自分、そして浜名湖ツアー」

浜松市議会議員（前議長）　花井和夫

「花井君、『人生意気に感ず！』だよな」

早稲田大学を卒業して青島先輩と同じ会社に就職することとなり、そのときの社長から、なぜ当社を選んだのかと問われた際に先輩から頂いた言葉である。

効率性や経済性が優先される今の時代ではあるが、仕事は名誉やお金のためでなく、相手の気持ち良さに感激してするものであるという考え方であり、今でも最も大事にしている言葉である。

先輩との出会いは、遠州出身の早大生で組織する学生会「遠州人会」の学生だった時である。東京での一人暮らしで寂しい思いをしなかったのは、遠州をこよなく愛する同郷の強いつながりで結ばれた遠州人会があったからこそである。

当時、地元選出の代議士事務所に勤務していた先輩は、我々後輩にとって実に頼もしい存在であり、実際何かとお世話になった。大学二年のときに、遠州人会主催で早稲田大学浜松演奏会を開催することとなり、会場の押さえでは問題が生じたものの、寄付集めや高校回りなど順調に準備を進めることができた。そんな中、先輩に誘われ連れていってもらったのが「デカねた」と大将の威勢のよさで有名な浜松の「貴船《きぶね》寿司」だった。尋常でない大きさの太巻きの一気食いは今でも忘れられない。一気食いに成功すると、本人の色紙の店内掲示と懐中時計？　がもらえた記憶がある。

地元の早稲田大学校友会と学生たちとの唯一交流の機会となった新年会も、先輩がつないでくれた。早稲田を卒業したら、故郷に帰り、少しでも地域のために役立ちたいと思うようになった。

大学四年のときに、地元での就職を考え先輩に相談に行った際、先輩は代議士秘書を辞め地元の不動産管理会社にいた。「うちの会社へ来ないか」との一言で、深く考えもせず入社を決めてしまった。それが良かったのか悪かったのかはいまだにわからないが、このときの出会いがあるからこそ今の自分があるということは言うまでもない。

入社したその会社では、稲門会の活動が業務の一つであり、早稲田を大いに楽しませて頂いた。

今では、ビニール製ボートいっぱいのアサリがとれた話も昔話となってしまったが、アサリとりや花火を楽しみ、うなぎをたらふく食べ、遠州地域の大自然に触れる浜名湖ツアー（早稲田大学浜名湖大水練潮干狩大会）は、魅力いっぱいの浜名湖を大いに楽しむ浜松観光の魁《さきがけ》でもあった。

街宣車よろしく全員鉢巻をしてフルオープンのジムニーに乗車し、校歌を大音量で流した。炎天下での走行は、運転する私はまだいいものの、後部座席の皆さんは脱水症状寸前の厳しいものだったと思う。当時、皆若くて無茶をしたが、また、あの頃に戻ってアサリを無心で採ってみたいものである。

お金をかけずに知恵を絞り、いろんなことを楽しむことにも先輩は長けている。中古のディンギーヨットを何人かで持ち、毎週末に浜名湖の寸座までよく出かけた。「ロイヤルハワイアンヨットクラブ」と名付け、ハワイで買ってきた揃いのピンクのTシャツを着て気分はまさにハワイという楽しさだった。

私の二週間のドイツ・フランスへの新婚旅行は、往復の航空券だけであとは宿も予約せず自由にレンタカーで回るという無謀ともいえるものだったが、先輩の「ヨーロッパ珍道中」が下敷きにあったことは言うまでもない。先輩に丁寧にコーディネートして頂き、充実した旅行となった。今でもあの旅の感動は忘れることができない。

名古屋にて早稲田のうたを歌う
左より奥村和俊(名古屋稲門クラブ会長)、林和利、青島秀樹、花井和夫の各氏

地元から推されて、市議会議員選挙に出るのかどうしようかということになった際、選挙まで一カ月という中で決断を迫られ、どうしてよいかわからず判断を仰ぎ、背中を押してくれたのも先輩であった。

常に「人生意気に感ず」を地で行く先輩と出会ってから三十数年が経ったが、これからも頼りになる先輩として、また良き兄としてご指導頂きたいと思う。

青島秀樹氏経歴

一九五五（昭和三〇）年九月三〇日、静岡県磐田市見付生まれ。浜松市中区鴨江在住。静岡県立磐田南高等学校から早稲田大学社会科学部卒。

・早稲田大学応援部での四年次役職（昭和五二年度）
副将、吹奏楽団責任者、新人監督、バトントワラーズ（現在のチアリーダーズ）初代責任者、東京六大学応援団連盟委員、東京都大学吹奏楽連盟理事

・早稲田大学遠州人会（学生稲門会）設立メンバー、第二代幹事

・早稲田大学吉永小百合を思慕する会設立メンバー、初代政調会長

「ヨーロッパ珍道中」から帰ってきた大学五年生の秋に、学生の分際で代議士秘書となる。地元を走り回りさまざまな選挙を経験する。

その後は、浜松市内の不動産管理会社へ就職、マンションやオフィスビル事業の立ち上げの仕事に携わる。

バブルが崩壊し、独立を余儀なくされた一九九四（平成六）年、ゼロから調剤薬局事業を脱サラで立ち上げる。経営者として、およそ二〇年の間に、三店舗、従業員三〇名ほどの規模に

まで成長させたが、個人経営の限界を感じ二〇一五（平成二七）年に大手薬局チェーンへ事業譲渡を決断。

不動産ディベロッパーの「辰巳屋」を立ち上げ、現在はその代表を務める。「辰巳屋」の名称は、小説『人生劇場』での青成瓢吉の生家の名である。

早稲田大学校友会関係（現在）

・早稲田大学校友会代議員

・早稲田大学校友会静岡県支部　幹事長

・遠州稲門会副会長

一九九九（平成一一）年から今日に至るまで遠州稲門会が毎年開催している「早稲田フェスタin遠州」では、初代実行委員長。

「早稲田フェスタin遠州」のイベントの一つとして、二〇〇三（平成一五）年以降計六回開催している「早稲田大学浜松演奏会」（応援部リーダー、吹奏楽団、チアリーダーズによる三位一体のステージ）では、すべて実行委員長を務めた。

＊早稲田フェスタin遠州：遠州地区の市民の皆様に早稲田を紹介するさまざまなイベントの開催

早稲田大学浜松演奏会、早稲田大学野球部員による早稲田野球教室、ヤマハスタジアムを使ったサッカー・ラグビーフェスティバル、早稲田大学図書館蔵展、夢追いかけて作文コンクール、記念講演会、ワセダバスケットボール教室、早稲田大学サテライト講座、早稲田子供一日博士体験、ワセダ子供パソコン教室、早稲田短歌講座、短歌コンクール、早稲田俳句教室、ワセダヨット教室、現役学生による進学ガイダンス、戦地に逝った早稲田のヒーロー松井栄造展、大西鐵之祐と早稲田ラグビー展、野村万作の世界、等々

地元の早稲田大学校友会組織である「遠州稲門会」には、一九七九（昭和五四）年の設立に参加、翌年には事務局長となる。

遠州稲門会が、全国の稲門会の中で「遠州稲門会あり」と言われるほど注目を浴びる稲門会となったのには、青島秀樹氏の存在なくしては語れない。二〇一六（平成二八）年六月までは幹事長を務め、現在は副会長の一人。

遠州稲門会の総会の席では、設立以来今日に至るまで「人生劇場・口上」を披露し続けている。近年では、静岡県稲門祭をはじめ、県内外の各稲門会から引っ張りだことなっている。

早稲田大学台湾校友会からは、総会懇親会の「早稲田のうた」コーナーを依頼され、二〇一一（平成二三）年以降毎回自費で参加。「人生劇場・口上」のみならず、早稲田のうたの伝道者として、「早稲田大学校歌」や「紺碧の空」の指揮もこなし、早稲田である喜びを台湾の皆様にお届けしている。おのれの満足ではなく、早稲田の皆さんを応援したいという、まさに「生涯応援部」。

永年にわたり「人生劇場・口上」を語り続け技芸の錬磨に努めてきたこと、そしてまた

近年その成果が実り、格段の向上が認められると共に独自の境地を拓いたとの評価に至り、名古屋女子大学林和利教授が発起人となり、二〇一五（平成二七）年二月二八日に早稲田大学大隈会館にて「『人生劇場』口上青島流初代家元認定式」が開催され、初代家元に就任した。家元就任後は、その活躍の場が格段と広がっている。

青島秀樹氏連絡先　jinseigekijou2015@gmail.com

●家元としての「人生劇場・口上」ステージ（「『人生劇場』口上青島流家元認定式」以降）

・静岡県稲門祭　二〇一五（平成二七）年六月二〇日
・早稲田大学校友会滋賀県支部総会　二〇一五（平成二七）年六月二一日
・遠州稲門会総会　二〇一五（平成二七）年六月二八日
・早稲田大学京都校友会夏例会　二〇一五（平成二七）年八月二三日
・一九七八年次稲門会総会　二〇一五（平成二七）年一一月八日
・愛知県西尾稲門会総会　二〇一六（平成二八）年二月七日
・早稲田大学校友会奈良県支部青垣会　二〇一六（平成二八）年四月一六日
・東京都大田区文士村「瓢々祭」　二〇一六（平成二八）年六月一一日
・早稲田大学校友会愛知県支部総会　二〇一六（平成二八）年六月一一日

・静岡県稲門祭　二〇一六（平成二八）年六月一八日
・早稲田大学校友会静岡県支部　二〇一六（平成二八）年八月三一日
・遠州稲門会有志による「青島秀樹伝」出版祝賀会　二〇一六（平成二八）年一〇月二五日
・大田稲門会新年会　二〇一七（平成二九）年一月二八日
・「笑い文化研究会」　桂文治、桂右團治師匠との打ち上げ会　二〇一七（平成二九）年一月二九日
・「人生劇場」の集い　於愛知県西尾市　二〇一七（平成二九）年二月五日
・静岡市稲門会総会　二〇一七（平成二九）年五月一二日
・サイゴン稲門会　於ベトナム・ホーチミン市　二〇一七（平成二九）年五月二〇日
・静岡県稲門祭　二〇一七（平成二九）年六月一〇日
・遠州稲門会総会　二〇一七（平成二九）年六月一八日

●青島秀樹氏著作

「ヨーロッパ珍道中記」

早稲田の大学五年生二人が、下駄に書生の着物姿といういでたちでヨーロッパを珍道中した旅行記。

月刊『アイドマ』一九八二（昭和五七）年一号～一九八三（昭和五八）年一号に連載。

「静岡県立見付中学校・磐田南高等学校　校歌・応援歌ものがたり」

磐田南高等学校（旧制見付中学校）の校歌や応援歌が作られた経緯、携わった人々の想い、建学の精神などを、丹念な取材、調査により明らかにした。

第六九回見中・磐田南高等学校同窓会総会実行委員会発行。一九九五（平成七）年八月刊。

早稲田と「人生劇場」

一、小説『人生劇場　青春篇』に描かれた早稲田大学

尾崎士郎の自伝的小説。主人公は青成瓢吉。瓢吉と早稲田の同級生たちとの交友、流水亭のお袖との恋愛、瓢吉たちが主導した大隈重信夫人銅像建設反対運動とそれから発展した早稲田騒動などを描く。一九三三（昭和八）年三〜八月『都新聞』に連載。一九三五（昭和一〇）年初版。文芸懇話会賞を受賞。ベストセラーとなる。続編として、「愛慾篇」「残侠篇」「風雲篇」「離愁篇」「夢幻篇」「望郷篇」「蕩子篇」がある。

二、尾崎士郎と早稲田大学

一八九八（明治三一）年、愛知県幡豆郡横須賀町（現、西尾市吉良町）に生まれた士郎は、愛知県立第二中学校（現、岡崎高校）を経て一九一六（大正五）年、早稲田大学高

口上 人生劇場
青島秀樹伝

二〇一七年一二月一三日　初版第一刷印刷
二〇一七年一二月一八日　初版第一刷発行

著　者　林　和利

発行者　森下紀夫
発行所　論創社
〒一〇一-〇〇五一
東京都千代田区神田神保町二-二三　北井ビル
電　話〇三-三二六四-五二五四
FAX〇三-三二六四-五二三二
web. http://www.ronso.co.jp/
振替口座　〇〇一六〇-一-一五五二六六

装　幀　宗利淳一
装　画　藪野　健
印刷・製本　中央精版印刷
組　版　フレックスアート

ISBN978-4-8460-1659-3